Denise Dias

TAPA
NA BUNDA

COMO IMPOR LIMITES E ESTABELECER UM
RELACIONAMENTO SADIO COM AS CRIANÇAS EM
TEMPOS POLITICAMENTE CORRETOS

© 2011 - Denise Dias

Direitos em língua portuguesa para o Brasil:
Matrix Editora

Capa e diagramação:
Daniela Vasques

Revisão:
Adriana Parra

Dados Internacionais de Catalogação na Publicação (CIP)
SINDICATO NACIONAL DOS EDITORES DE LIVROS, RJ.

Dias, Denise Souza
Tapa na bunda: como impor limites e estabelecer um relacionamento sadio com as
crianças em tempos politicamente corretos / Denise Souza Dias. - São Paulo: Matrix, 2011.

Inclui bibliografia

ISBN 978-85-63536-55-6

1. Responsabilidade dos pais. 2. Pais e filhos. 3. Educação de crianças. 4. Crianças -
Formação. 5. Educação moral. I. Título.

| 11-4118. | CDD: 649.1 |
| | CDU: 649.1 |

Milho de pipoca que não passa pelo fogo continua sendo milho para sempre.

Rubem Alves

DEDICATÓRIA

Dedico este livro a todos aqueles que, assim como eu, levaram uns tapas e umas chineladas na bunda e não ficaram traumatizados nem revoltados com as próprias famílias.

Dedico este livro a todos os pais que possuem paz interior e convicção suficiente para saber que um tapa na bunda de vez em quando não faz mal a ninguém, independentemente do que dizem as leis de muitos países ou a psicologia "moderna", a qual, muitas vezes, parece pregar algo para agradar a alguns em vez de fazer o que é necessário de fato.

Dedico este livro a todos os pais que ficam apavorados ao verem, pela televisão, os crimes que filhos cometem. Pais que se dedicam de fato a educar os seus próprios filhos com limites e firmeza enquanto dá tempo.

Dedico este livro a todas as crianças que crescem neste mundo caótico, repleto de ambiguidades, no qual vivemos hoje.

Peço ao Papai do Céu que todas essas crianças tenham uma família que não as poupe de subir em árvores, de ter roupa velha suja de tinta, de tocar a campainha do vizinho e sair correndo, de comer brigadeiro na panela, de dormir na casa

do amiguinho, de detestar legumes e coisas verdes e, mesmo assim, ter o dever de comê-las. Que elas tenham uma família que não as poupe de escovar os dentes antes de dormir, de lavar direito o pipi e a perereca e, sobretudo, que não as poupe de levar uns belos tapas na bunda quando necessário.

Dedico este livro ao bom senso e ao equilíbrio fundamentais nos momentos em que as crianças tiram qualquer adulto do sério.

Dedico este livro, sobretudo, à esperança de um mundo mais correto, onde os pais sejam pais e os filhos, filhos, e onde os maiores crimes cometidos pelos filhos sejam MATAR aula, SUBORNAR o irmão com uma caixa de bombom, TRAPACEAR na prova da escola ou ROUBAR um beijo da vizinha.

Dedico este livro à minha infância, uma época em que as crianças ouviam "não", os castigos eram cumpridos e os tapas na bunda eram muito bem-vindos.

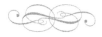

AGRADECIMENTOS

Eu não poderia jamais publicar este livro sem fazer alguns agradecimentos especiais.

Primeiramente, agradeço à saudosa Escola de Educação Infantil São Miguel (antiga Balão Mágico), por todo o aprendizado que eu tive com vocês. Obrigada pela confiança grandiosa que tinham no meu trabalho e por todo o carinho durante anos. Dona Dalva, Kátia, Cristiane, Eleuza e Simone: saibam que eu, de olhos fechados, deixaria os meus filhos nas mãos de vocês.

Agradeço aos pais dos meus pacientes, que confiam a mim as suas particularidades e dificuldades, sempre buscando uma melhora de vida tanto para si quanto para os seus pimpolhos.

Agradeço em especial a todos aqueles que foram perseverantes no processo e, mesmo com muitas lágrimas, brigas e dor, permitiram que a cura interna dos seus filhos fosse alcançada, resultando no sorriso da alta terapêutica.

Agradeço, com muito amor e admiração, a todos os pais dos meus pacientes que possuem alguma patologia, pela garra, ânimo e reconhecimento da minha dedicação nessa luta eterna. O progresso do meu trabalho com todos eles também

só é possível devido a uma abordagem firme e estruturada com limites e organização.

A A.C.S., R.S.M.S., P.M.C. e V.P.M.C., agradeço a imensa confiança e o carinho que recebo constantemente de vocês.

Creio que vocês não fazem ideia da importância que têm para mim os livros, filmes, cursos, reportagens, dicas constantes que citam. Isso possibilita que eu cresça cada vez mais profissionalmente e proporcione benefícios gerais a todos.

Agradeço, sobretudo, aos meus próprios pacientes, pois, sem eles, tudo o que sei seria apenas teoria. Saibam que eu olho para vocês com muito amor e que eu realmente faço o máximo que posso para ajudá-los a ter uma vida mais equilibrada, harmoniosa e plena.

Agradeço à minha mãe por ter me dado altas broncas, seguidas de tapas e chineladas na bunda, além de ter me deixado dormir um montão de vezes nas casas das minhas amiguinhas e por ter me motivado a ter uma coleção de mais de 2 mil papéis de carta. Ah... Obrigada, também, por ter me dado a cozinha da Barbie; foi o presente que me deixou mais feliz até hoje!

Agradeço ao meu avô por ter me dado muitas broncas sempre que eu entrava no seu escritório para roubar chocolate e por reclamar tanto da poeira que eu fazia com as cabaninhas de lençol e almofada. Agradeço, também, por ter me dado um monte de cestinhas de comidinhas de brinquedo, além de sonhos da padaria e tampinhas de laranja-lima.

Agradeço à minha avó por ter ficado furiosa nos momentos em que eu não queria aprender inglês e por ter me obrigado a repetir o semestre por causa de um décimo. Obrigada pelos biscoitinhos de nata quando eu era criança e por fazer arroz-doce até hoje, sempre que eu peço. Obrigada, também, por coçar tanto as minhas costas, cantando "O Abaeté" e "Daisy, daisy..." antes de dormir e por me incentivar, desde pequena, a ficar perto de Deus.

Agradeço aos meus tios Cláudio e Rogério por terem me dado uns bons tapas na bunda e muitos e muitos pegas durante o meu crescimento, a ponto de serem considerados dois chatos!

Tio Lelo, obrigada também por ter me ensinado a andar de bicicleta e por ter arrancado um de meus dentes de leite com uma linha amarrada na maçaneta. Você é e sempre será o meu eterno babador. Tio Cau, obrigada por ser um companheiro e conselheiro aberto e carinhoso, mesmo que à distância. Ah... Obrigada aos dois pelos altos balanços na rede!

Agradeço à tia Isabella e à tia Cíntia, por serem minhas amigas fiéis que sempre me socorrem quando eu mais preciso.

Agradeço ao tio Bau e à tia Mara por me mostrarem uma educação com muito amor e carinho. Mesmo que em exagero, às vezes. Obrigada por terem me levado tantas vezes ao Parque da Cidade com o Xandi!! Eu adorava correr atrás do *frisbee*!

Agradeço à tia Marina e ao tio Chico por me mostrarem uma educação com muitos "nãos" e castigos. Mesmo que em excesso, às vezes. Eu adorava dormir no meio das meninas fazendo a maior algazarra. A melhor parte era fingir estar dormindo quando vocês iam dar bronca!

Oto, Lili, Xandi, Ciça e Dani: obrigada por serem sempre verdadeiros comigo e falarem o que querem falar mesmo. De tanto brigar e dormir junto, tenho vocês como meus irmãos.

Michael, Gabriel, André e Lisa: os "puxões de orelha" que dei em vocês sempre foram por amor e preocupação. Nuno... me aguarde!

Amo muito todos vocês!

Agradeço a toda a minha família por deixar que eu e meus primos resolvêssemos as nossas diferenças sozinhos. Até hoje.

Aos meus avós, mãe e tios, eu agradeço o modo como criaram a mim e aos meus primos. Obrigada por terem nos tornado pessoas com problemas e limitações normais. Obrigada por nos darem autonomia suficiente e autoconfiança

também, para enfrentarmos com equilíbrio os desafios da vida. Obrigada por não nos terem tornado Pinóquios, bruxas ou lobos maus. Enfim... muitíssimo obrigada por nos terem tornado gente. Gente feliz!

SUMÁRIO

Prefácio 15

Apresentação 19

Projeto de gente 23

Autonomia desde cedo 29

A escada da hierarquia 37

Criando monstros 55

Brincadeiras que aproximam pais e filhos 65

TV, *video game* e shopping 83

A criança-mutante 87

A criança-sirene 91

O pensamento infantil 95

Troca e chantagem 103

Cada um tem o que merece 107

Afinal, castigos: quando, como e onde 111

Projeto de Lei, Estatuto da Criança e do Adolescente e a realidade 133

Perguntas frequentes 143

Referências bibliográficas 173

PREFÁCIO

Prefaciar uma obra é trabalho sério. Devemos introduzir o autor? A obra em si? Comentamos e também opinamos? Essas dúvidas têm frequentado minha mente após a leitura do livro que ora se apresenta. Então resolvi escrever sobre o que mais me chamou atenção na obra: a coragem com que foi escrita.

O texto fluente e de fácil compreensão, que prende a atenção do leitor do começo ao fim sem parecer vulgar ou simplista demais, já atesta por si só o valor do trabalho que tenho o prazer de introduzir. Sem se privar de referências literárias que fornecem o embasamento científico necessário a qualquer publicação séria, este é um livro destinado a todos os leitores que passam ou passarão pela experiência de criar filhos. Ou mesmo àqueles que lidam diariamente com crianças nas mais variadas profissões.

O primeiro predicado que chama a atenção é a coragem deste texto de ser "politicamente incorreto". Finalmente vemos uma luz no fim do túnel, e alguém tem a coragem de escrever o que muita gente pensa, mas não tem a coragem de dizer publicamente. Ou melhor, finalmente um texto que não se deixa atrair por falsos valores humanistas vigentes na cultura atual. Porque esses falsos empenhos estão provocando uma inversão de valores na sociedade, em que bandido é quem tem sucesso, vulgaridade vende e, principalmente, o esforço pessoal e o trabalho honesto são mal recompensados. A permissividade é uma faca de dois gumes. Não se deve confundir permissividade com liberdade. A liberdade é sempre bem-vinda e aclamada. Uma pessoa que cresceu livre é mais saudável, mais feliz, mas isso não significa que ela cresceu sem limites, sem noção de autoridade, sem os conceitos de certo e errado.

Os intelectuais atuais mostram uma tendência em ser excessivamente permissivos sem atentarem para as consequências desse fato na educação infantil. Uma criança aprende, amadurece e se educa a partir dos estímulos que recebe do meio que a cerca. O "não" é aprendido. Ninguém nasce sabendo o que deve ou não deve fazer, bem como o que é certo ou errado, moral ou amoral. Aprendemos isso durante nossa vida e estabelecemos a diferença entre comportamento e conduta. Comportamento é aquele que aflora em face de determinadas necessidades que se apresentam ao indivíduo; conduta é o comportamento modificado pela intervenção do meio ambiente, permitindo que estruturas cerebrais mais nobres exerçam um controle sobre os atos/emoções desse indivíduo, facilitando/permitindo o convívio social.

Os pais/cuidadores de hoje não avaliam os efeitos da educação dada a seus filhos em longo prazo. Aquela mãe que tem pena e não deixa seu filho chorar não pensa no tipo de adulto em que ele irá se tornar. Por outro lado, vemos pais tão preocupados com seus próprios problemas, tão ocupados, que não só não têm tempo para educar seus filhos, como não possuem ou não querem gastar esse tempo e energia numa criação mais adequada.

Criar filhos demanda tempo, energia e paciência. Criar filhos envelhece, porque nos preocupamos, falamos, corrigimos. Ou pelo menos deveria ser assim. O cérebro infantil precisa de estímulos adequados para se desenvolver. Tudo tem seu tempo certo para acontecer. A criança tem a idade certa para se livrar das fraldas, por exemplo, e seu cérebro também precisa ser treinado para isso. Passada a idade adequada, ou se for feito precocemente, esse processo fica mais trabalhoso. Da mesma forma, o controle da birra, a falta generalizada de educação, o desrespeito pelo outro (começando pelos próprios pais) devem ser coibidos em casa, no seio da família.

Cada vez mais, vejo pais deixarem a educação informal (aquela que ensina a falar "muito obrigado", "por favor", comer de boca fechada etc.) a cargo da escola. Ora, a escola deve ser responsável pela educação formal. Ambas as educações têm que ocorrer na hora e local certos, com estímulos adequados para que o cérebro infantil possa passar pelas modificações biológicas necessárias ao aprendizado.

A permissividade na educação começa a se confundir com a omissão. Parece mais fácil fazer logo o que a criança quer em vez de deixá-la esgotar seus mecanismos de birra. Os pais atuais parecem subestimar a inteligência de seus filhos quando não colocam limites ou não dão explicações coerentes sobre fatos ocorridos na vida das crianças. A criança que não percebe a colocação de limites pode sentir que seus pais não se importam o suficiente com ela e acaba eventualmente colocando seus limites sozinha, de maneira inadequada, devido à sua imaturidade e falta de estímulos dirigidos para tal. A arrogância desses pais atuais em achar que seus filhos vão ser bem-sucedidos a qualquer preço é impressionante! Não param para refletir que o eventual "não" colocado pela própria criança poderá ser bem maior que o colocado por um adulto já capaz de crítica completa.

Essas atitudes estão permeando a sociedade, que deveria estar moldando condutas para criar cidadãos felizes – tanto a sociedade constituída pelo núcleo familiar como a sociedade acadêmica, que parece encontrar-se paralisada diante de atitudes de seu corpo discente.

O livro que ora se apresenta é um episódio refrescante em face do montante de ideias tacanhas que permeiam as teorias educacionais atuais. Seu texto honesto, sem propor receitas prontas, leva o leitor a refletir sobre atitudes e ideias a respeito da educação infantil. Isso, por si só, já é um excelente começo!

Clarisse Potasz
Mãe, Terapeuta

APRESENTAÇÃO

"Não se pode mais falar em castigo." Por quê?
"Não se pode mais falar alto com o filho." Hein?
"Não se pode mais dar tapa na bunda do filho." Não?
"É preciso justificar tudo ao filho." Desde quando?
"É necessário se abaixar sempre para falar com a criança na altura dela." Como é que é?

E as duas superpérolas:
"Não se pode dizer 'não' aos filhos." O quê?
"A mão que faz carinho não pode ser a mesma mão que bate!"
Aaahh!! Dai-me paciência!

Por que tanto "não" aos pais e tanto "sim" aos filhos? Atualmente o tapa na bunda é um dilema e é visto por muitos como algo abominável e proibido. O que ocorre no mundo de hoje é que grupos de terapeutas, educadores, médicos, entre outros, começaram a condenar o tapa na bunda como recurso de educação aos filhos dentro de casa. Falam sobre o tapa e sobre a surra como se fossem uma coisa só.

E o resultado disso nós podemos acompanhar com muito

espanto e desprazer, todos os dias, nos noticiários do país e do mundo: a falta de tapa na bunda quando o filho ainda é pequeno está fazendo com que muitos pais levem tapa na cara quando os mesmos filhos se tornam grandes. Isso quando o filho dá apenas um tapa, pois, em muitos casos, há assassinatos, às vezes com muita crueldade.

Constantemente as escolas me convidam para dar palestras sobre "limites" aos pais de seus alunos. Percebo uma sede tremenda por um direcionamento e por sugestões e orientações claras que resultem em mudanças positivas.

Já tive paciente ameaçando denunciar pai e mãe caso lhe dessem um tapa na bunda. Minha sugestão aos pais: "Nessa hora, respirem fundo e falem assim: 'Ah, é?! Pois agora você merece mesmo um tapa na bunda!'".

Minha conduta com a criança: "Isso tem um nome: petulância! Se eu fosse a sua mãe, eu teria lhe dado um belo tapa na bunda, só por ter tido a ousadia de me dizer isso!".

A firmeza foi tão grande e certeira que a criança nunca mais teve o atrevimento de ameaçar os próprios pais.

Filho petulante é o que mais há em nosso mundo "evoluído".

Não nos faltam histórias reais de filhos milionários que mataram pais a pauladas por causa de um namoro proibido; de filhos burgueses que ora queimam um índio indefeso, ora atacam domésticas no ponto de ônibus, ora arrastam prostitutas pelo asfalto, ora metralham pessoas no cinema. Também não nos faltam histórias de filhos da periferia que matam a mãe por causa de 50 reais ou que cometem um assalto e matam, com crueldade, uma criança presa ao cinto de segurança.

Infelizmente, esse é um problema que atinge e aflige todas as classes sociais. Antes fosse uma questão financeira, pois seria muito mais fácil resolvê-la.

Mas não é. Trata-se de uma questão que envolve a participação dos pais no processo de educar os filhos.

Os pais de hoje sofrem por não ter a certeza de como agir como pais e pecam na permissividade.

É como eu digo nas palestras que realizo: quando você tem a convicção de que cabe a si mesmo a construção do seu filho, você faz o que é necessário para que a construção seja firme e bem estruturada. Que seja o menos desequilibrada possível.

Há anos pensei em ter uma escola infantil; seu nome já estava definido. A minha escola seria chamada "Estrutura". Afinal, tudo na vida de um ser humano deve-se à boa ou má estrutura que cada um teve durante os seus primeiros anos de vida. Não adianta ignorar a base falha e encher os cômodos de móveis caros e incontáveis futilidades, pois um dia, todos sabem, as colunas de sustentação não aguentam e a casa cai. E, quando cai, causa muito sofrimento.

Com a casa interna isso também ocorre. Não consigo entender por que tantos pais cuidam tão bem da casca do filho na mesma proporção em que cuidam tão mal do recheio dele. Posso até fazer uma comparação com os ovos de chocolate vendidos na Páscoa. Quem é que nunca ficou frustrado ao ver um ovo com uma embalagem tão atrativa e, ao experimentá-lo, teve uma grande decepção?

Muitos pais fazem isso com seus filhos. Preocupam-se somente com escolas de qualidade, cursos de línguas, atividades físicas, música, artes, qualidade de lazer, etiquetas caras, cuidam muito bem das doenças do corpo físico, porém, descuidam das doenças emocionais. Descuidam do que a criança sente e daquilo em que ela pensa. De como pensa. Descuidam da alma, do caráter.

Aliás, quando um paciente novo chega a mim, eu lhe pergunto o que está fazendo ali no meu consultório, já que eu sou terapeuta e trabalho com os problemas das pessoas. Gosto de ver as reações iniciais que as crianças têm e qual a percepção de problema que elas possuem.

Geralmente elas não entendem muito bem a minha pergunta, então lhes digo: "Ser terapeuta é como ser um médico. Só que o médico cuida do seu corpo, do corpo que fica doente. E eu cuido do seu lado de dentro. Por exemplo, quando você tem uma dor de cabeça, a sua mãe leva você ao médico, ele olha a sua cabeça, faz um exame e dá um remédio, certo? Eu também cuido da sua cabeça. Só que eu cuido dos pensamentos que atrapalham a sua cabeça. Aqueles pensamentos que são ruins, sabe? Há pessoas que vão ao médico porque têm dor no coração, certo? E o médico olha o coração das pessoas. Eu também olho o seu coração. Só que eu olho os seus sentimentos, aquele negócio que você sente quando fica triste ou bravo. Entendeu?". E, assim, faço com que a criança comece a pensar em seu papel no próprio processo e que, aos poucos, ela tome responsabilidade na parte que lhe cabe.

Muitos condenam o tapa e os castigos aos filhos. Inventam nomes bonitos para falar sobre a mesma coisa: limites. Falam apenas sobre carinho, compreensão e amor. Mas se esquecem de que cabe aos pais, e somente a eles, a maior e principal responsabilidade sobre seus filhos: a formação de seus valores, do seu caráter e do que cada filho será como adulto quando crescer.

Compreendo aqueles que optam por ser omissos em relação ao tapa na bunda, devido à polêmica que o assunto gera. No entanto, por acompanhar de perto o ritmo acelerado que a falta de umas palmadas está gerando no mundo, eu opto por negar a minha omissão.

PROJETO DE GENTE

Nós, seres humanos, temos o costume de fazer projetos. Quando queremos algo bem-feito, temos que planejar. Projeto de viagem, por exemplo. Quando fui à Nova Zelândia, planejei tudo com uns quatro meses de antecedência. Hotéis, passeios, voos internos, quantos dias em cada cidade, quanto dinheiro levar, que tipo de roupa seria mais viável, usei e abusei do *Google Earth* (recomendo a todos, excelente!). Enfim, planejei tão bem que o resultado foi superpositivo. Tive uma ótima temporada na terra dos kiwis e dos maoris.

Outro tipo de projeto é o projeto de trabalho. Eu mesma tenho vários projetos dentro de um projeto maior, por exemplo: tenho o projeto da montagem do meu consultório, da organização dos meus textos no site, do marketing que faço, das palestras que dou, dos casos que atendo. Ah, sim... para cada paciente há um projeto diferente. Faz-se necessário. Tenho, também, os projetos dos livros que escrevo. E todos esses projetos estão ligados a um projeto maior, que é o projeto da minha vida profissional.

Também existe o projeto de ter uma casa. A organização financeira, a construção, os imprevistos, a expectativa, enfim...

E o tamanho do projeto que uma noiva é capaz de fazer?

Os casais também possuem diversos projetos: quitar o apartamento, pensar em um apartamento maior, construir a chácara, ter uma segunda lua de mel, trocar os carros... ter os filhos. As coisas não acontecem necessariamente nessa ordem, mas todos são projetos; mesmo os não planejados passam a ser projetos.

E, quando falamos em projeto de filhos, estamos falando em projeto de gente. Gente que brinca, estuda, trabalha. Gente que não estuda e nem trabalha. Gente que briga e faz as pazes. Ou gente que briga e mata sem dó nem piedade. Gente feliz sexualmente, independente de orientação. Gente sexualmente desequilibrada, partindo para atos como a pedofilia, prostituição ou atos infindáveis de irresponsabilidade. Gente viciada em alegria e esportes radicais. Gente viciada em erva, pó, lata e injeção. Gente viciada em doce. Os dois tipos de doce. Gente feliz. Ou gente infeliz. Não importa. Todos, quando pequenos, somos projeto de gente.

Quando as crianças viram adultos responsáveis e resolvem, por diversos motivos, usar drogas ou entrar em uma vida sexual sem limites, muitas vezes isso não possui origem nenhuma na criação que tiveram em casa. O que ocorre é que, quando analisamos o histórico de muitos adultos envolvidos com drogas, por exemplo, vemos uma ausência de limites por parte dos pais desde sempre.

Os pais precisam ficar atentos em que, muitas vezes, estão estimulando a instalação de princípios ruins em seus filhos ao longo da criação.

Por exemplo: muitos pais acham lindo uma menina de 8 anos dar só um golinho no drinque com vodca da mãe. Muitos pais acham que estimulam o filho pequeno a ser macho dando a ele um copo de cerveja. Muitos pais, quando se reúnem com os amigos em casa, não selecionam o vocabulário usado na frente das crianças. Acham que não há problema algum a criança passar noites em claro, ouvindo os adultos falando palavrões, enquanto se divertem.

Agora a coisa pega: muitos pais acham normalíssimo assistir com os filhos à novela do horário nobre e a esses *reality shows* na televisão, em que as participantes quase não usam roupas e os participantes só pensam em "atacá-las". Ficam medindo beleza e quantidade de músculos para decidir quem irão beijar. Com isso a criança cresce pensando que o que mais vale é a beleza exterior. É por isso que as baladas de hoje estão lotadas de gente vazia. Ou cheia – de futilidade e ideias vagas.

Muitos pais têm relações sexuais sem tomar cuidado com os flagras que os filhos podem dar, com o barulho que sai do quarto, deixando os filhos totalmente expostos a esses constrangimentos.

Os pais deveriam cuidar desse projeto como cuidam de uma viagem exótica ou da nova decoração do apartamento, ou seja, pensando cautelosamente nos mínimos detalhes.

Hoje em dia, sobretudo, os pais estão em um caos. A geração de pais de hoje em torno de 30 a 40 anos está perdida sobre como proceder com os filhos dentro de casa. Ninguém sabe mais o que pode e o que não pode. Ninguém sabe mais o que é certo e o que é errado. Quando libera e quando proíbe. Tudo piora com os olhares dos vizinhos que tanto os julgam e os dos parentes que se intrometem, diminuindo, mais ainda, a autoridade dos pais sobre as suas próprias crias. E, por causa de tanta confusão, temos hoje uma geração de adolescentes e jovens adultos que causam muita dor e destruição, sobretudo a autodestruição.

Há algum tempo havia o que eu chamo de "ditadura familiar", regime doméstico em que o filho que transgredisse alguma mísera regra ficava sem o jantar ou apanhava de varinha ou chicote como castigo. Infelizmente, ainda existem pessoas com tais hábitos hoje em dia, mas, na maioria dos casos, os filhos que sofreram esse abuso de poder dos pais dentro de casa, quando cresceram e constituíram as próprias famílias, disseram a si mesmos: "Vou fazer diferente! Jamais vou bater nos meus filhos! Jamais vou fazer isso ou aquilo!". E então eles liberaram geral e criaram uma geração de filhos sem parâmetro algum sobre o que pode e o que não pode. E é essa a geração perdida que hoje está apanhando de seus próprios filhos e sendo assassinada por eles.

No meio disso tudo, a mentalidade da nossa sociedade nos diz que é preciso ter tempo (e dinheiro) para levar os filhos ao inglês, a menina, à aula de dança, e o menino, ao judô ou futebol, ambos à natação, ao pediatra, dentista, roupas novas, escola particular, aula de reforço, reunião de escola, aniversário do vizinho, aniversário do coleguinha da escola e ainda ter jogo de cintura para entrar no supermercado às 21 horas com duas crianças berrando dentro do carrinho.

Com o tempo tomado por tantos compromissos, quando os pais irão parar para pensar no que estão fazendo? É preciso ter tempo para pensar em questões profundas. Tempo para refletir, para conversar com uma amiga, para fazer anotações, para observar a sua família, para se observar também. Tempo. Tempo. Tempo. Algo que as pessoas não têm hoje.

Eu mesma, todos os dias, checo a minha lista do que eu deveria ter feito "hoje" e reescrevo no dia de "amanhã" o que não deu tempo "hoje". E nunca dá tempo de tudo mesmo. Nem me atrevo a exigir que eu tenha tempo para resolver tudo em um determinado dia, aliás, nem em semanas. Sendo bem sincera, há coisas que eu passo de um mês para o outro.

Sabe o que eu nunca deixo para amanhã? O mesmo que ninguém nunca deixa para amanhã: as prioridades.

Aí está o x da questão. Pagar escolas, aulas extras, profissionais diversos é a parte mais leve. Pesada no bolso, mas leve na atitude.

Sentar ao lado do filho para supervisionar a lição de casa, verificar a agenda para o dia seguinte, preparar um lanche saudável com calma e carinho, perceber um roxo novo na perna, um arranhão no cotovelo, vistoriar a mochila para ver se não falta nada e se não há nada lá que não seja dele, escutar com calma a sua tristeza porque lhe roubaram 50 centavos na escola ou quebraram seu lápis de cor preferido, parabenizá-lo por ter sido o ajudante do dia da professora, plantar com calma uma sementinha em um potinho de iogurte e, junto, cultivá-la com atenção todos os dias, perguntar a ele se há algum passeio ou brincadeira especial que gostaria de fazer no fim de semana, sentar ao seu lado no sofá e morrer de rir (de verdade) assistindo ao desenho animado de que ele mais gosta, pedir para que lhe ensine a jogar *video game*, ler para ele uma historinha antes de dormir... Isso tudo não é nem um pouco leve no dia a dia, pois demanda tempo e disponibilidade interna genuína dos pais.

Digo genuína, pois de nada adianta fazer tudo isso com pressa, nervosos, impacientes. Fazer por obrigação, porque viram em um *reality show*, porque a terapeuta orientou ou porque leram em um livro. É preciso mais. É preciso refletir.

Não subestime a dor de uma criança com o lápis de cor preferido quebrado. É a mesma dor que eu sinto quando quebro um dos meus anéis preferidos. Fico arrasada. Todo mundo tem seus mimos. Uns por frascos de perfume, outros por moedas, conchas, miniaturas de bichos do Cerrado, discos de vinil, caixinhas mil. É muito ruim quando alguém estraga uma coisa de que a gente gosta muito.

Participar genuinamente da vida de seus filhos, como nos exemplos citados, gera uma leveza gigantesca no coração da criança, além de um sentimento extremo de segurança e de ser bem cuidado.

Ser mãetorista é fácil. Difícil é ser mãe.

Ser paigador de contas também é fácil. Difícil é ser pai.

E, com tempo ou sem tempo, os dias passam. O tempo passa. E daí eles crescem. E o que era projeto, com dedicatória, sumário e introdução, em um piscar de olhos se tornou uma tese de doutorado. Ou seja, o projeto virou gente. É nessa hora que muitos pais começam a perceber a ausência que tiveram na elaboração do projeto de seus filhos.

Toda história começa com "era uma vez". Mas nem toda história termina com "e viveram felizes para sempre". Para isso é preciso ter um projeto. Quer dizer, um bom projeto.

Aproveite para elaborar agora um projeto de gente sobre o seu filho.

Faça uma lista sobre os seus objetivos de vida com o seu filho. Reflita com calma e escreva no espaço abaixo que tipo de gente você quer que o seu filho se torne quando for adulto e, no outro espaço, escreva que tipo de gente você não quer jamais que seu filho se torne. Pense nas características dos seus próprios familiares e escreva-as em uma das duas listas, com foco no seu filho.

Projeto de gente do meu filho:
Nome do seu filho:
Idade:
Data de hoje:

O tipo de gente que eu quero que meu filho se torne é:

O tipo de gente que eu não quero que meu filho se torne é:

AUTOAVALIAÇÃO

Seja honesto consigo mesmo e responda: qual nota, de zero a dez, você está merecendo na atual realidade do seu filho em face do projeto de gente que tem para ele?

AUTONOMIA DESDE CEDO

Você sabia que, depois de ficar 14 ou 15 meses dentro do útero da mãe, o filhote da girafa, ao nascer, despenca de uma altura de dois metros? Ele tenta se firmar sobre as quatro patas, mas a mãe lhe dá um leve chute para que ele caia no chão. Logo ele se levanta, mas a mãe chuta-o novamente, e ele se levanta mais uma vez. Isso ocorre várias vezes, até o momento em que o filhote fica cansado e não se levanta mais. Então, a mãe lhe dá um chute para que ele se levante e não o derruba mais. Ela faz isso porque, para a sobrevivência do filhote, é necessário que ele se levante rápido para fugir dos predadores. Ou seja, a mãe o ensina na prática, dando-lhe o modelo. O filhote é amamentado de seis a oito meses e, a partir daí, a mãe não o protege mais. O filhote segue a mãe até atingir a maturidade sexual.

Você sabia que os pais dos atobás-de-pés-vermelhos se afastam de seus filhotes no momento do voo e diminuem a frequência com a qual os alimentam? Eles fazem isso para promover a emancipação de seus filhotes.

Toda espécie animal tem o seu modo de ensinar aos filhotes a arte da sobrevivência. É tudo muito primitivo. É tudo muito animal.

E o filhote do ser humano? Ele é o bicho mais dependente dos pais de todo o reino animal. Depois dele, vem o filhote do elefante.

Todo filhote, não importa a espécie, precisa de direção, de segurança, de alguém que lhe mostre o que pode e o que não pode, que faça com que aprenda com as consequências dos seus erros. E um filhote só aprende com a experiência concreta.

No reino animal, a maioria das espécies fica na cola de seus procriadores até atingir a maturidade sexual, pois, a partir daí, vão em busca da própria independência e da continuação da procriação da espécie.

Se pararmos para pensar, o filhote do ser humano também fica na companhia de seus pais até atingir a maturidade sexual – no mínimo, pois, hoje em dia, muitos nunca saem de perto dos pais, pois estes não favorecem o amadurecimento de seus filhos. Não lhes dão autonomia para que deem o grito de independência. Não lhes fornecem garra para buscarem a própria comida, a própria caverna e nem para criarem o próprio ninho.

Vale ressaltar que o adulto que sai de casa não necessariamente abandonou o pai e a mãe.

Para que o filho cresça com autoconfiança, segurança nas suas decisões, maduro o suficiente para lidar com os riscos das próprias escolhas, é necessário dar-lhe autonomia desde cedo. Autonomia não se constrói de repente, da noite para o dia. É um processo que ocorre aos pouquinhos, das noites para os dias, desde quando o filho é pequenininho mesmo.

O suíço Jean Piaget, um dos mais famosos e respeitados estudiosos do desenvolvimento infantil do século XX, dizia que a principal finalidade da educação é levar a criança a desenvolver autonomia.

A criança, quando começa a andar com mais segurança, já pode, por exemplo, começar a guardar os brinquedos dentro de um baú ou de uma caixa grande.

Os pais precisam saber que muitos brinquedos entregues de uma só vez às crianças desorganizam-nas, pois, quando uma criança tem muito estímulo ao mesmo tempo, ela fica desnorteada, sem saber o que escolher. Isso não é bom para o seu desenvolvimento.

Quando se entra em uma casa com excesso de tapetes, sofás floridos, almofadas estampadas, mil quadros diferentes pendurados, milhões de badulaques, a sensação é horrível. Eu, pelo menos, me sinto tão metralhada que não consigo prestar atenção em nada. A mesma coisa ocorre quando os adultos deixam a criança brincar com vinte brinquedos ao mesmo tempo. É muita coisa. O foco da criança egocêntrica (até 3 anos) fica em trocar de brinquedo assim que vê outro, ou seja, ela não brinca com nenhum, então acaba não desenvolvendo as habilidades que poderia desenvolver com alguns brinquedos interessantes.

Não é necessário estipular um número exato de brinquedos que podem ser dados à criança ao mesmo tempo; apenas ponha ordem no ambiente quando você perceber um excesso de objetos esparramados e a atenção da criança voltada para a bagunça em si, e não para o brincar.

Ter uma rotina estruturada é muito importante. Não é necessário fazer uma tabela com horários regrados, mas ter uma organização básica é fundamental para a estrutura interna da criança. É como nós, adultos, quando arrumamos o nosso guarda-roupa: arrumamos o lado de fora e, consequentemente, o lado de dentro.

Um exemplo de uma rotina estruturada seria algo como: horários mais ou menos fixos para as refeições, as sonecas, a caminhada no parquinho e o banho. O brincar variado fica entre cada um desses acontecimentos normais e diários da programação da rotina.

Algo que estrutura muito a criança é o ritual feito à noite. Por exemplo: a criança está em casa com a babá ou a mãe e vê o pai chegar do trabalho. A mamãe toma banho, a babá vai embora, então o papai toma banho e todos vão jantar. Em seguida, o papai e a mamãe assistem ao noticiário na televisão e deixam a criança assistir um pouquinho a algum DVD. Levam-na para fazer xixi, escovar os dentes e a colocam na cama junto com o seu bichinho de pelúcia. Leem uma historinha para ela, fazem a oração, dão-lhe um beijinho e saem do quarto. A criança já entendeu que agora ela tem que dormir. Faz parte da rotina.

Não há estrutura bem sedimentada sem organização.

À medida que a criança cresce, pode escolher a cor da roupa que quer usar, mas veja bem: escolher a cor da roupa não quer dizer escolher o traje a ser vestido. Por exemplo: se vocês vão brincar na areia do parque, ela não pode escolher o vestido que usou quando foi dama de honra no casamento da sua prima. E, se ela vai a um casamento com você, também não pode escolher ir de calça jeans e tênis encardido. Mas não representa problema algum ela escolher com qual camiseta quer ir brincar na areia.

A criança pode escolher se ela quer a pasta de dente do Shrek, do Ben 10, do Barney ou da Barbie. Mas ela não pode escolher não escovar os dentes.

Pode escolher se quer a mochila nova quadrada ou redonda, mas não pode escolher não ir à escola.

Ela pode escolher se vai comer pudim ou sorvete de sobremesa, mas não pode escolher comer o doce sem ter almoçado primeiro.

Pode escolher uma fronha nova para o seu travesseiro, mas não pode escolher que o seu travesseiro fique na cama dos pais todos os dias. O travesseiro, assim como ela, tem lugar certo: na cama da criança.

A criança pode escolher se vai tomar banho antes ou depois do desenho animado preferido, mas não pode escolher ir dormir sem tomar banho.

Pode escolher a qual DVD infantil vai assistir com o papai e a mamãe, mas não pode escolher assistir a um filme de adultos com eles, no meio da madrugada.

Ou seja, as crianças podem e devem fazer escolhas pertinentes ao que cabe a elas escolher. Jamais os pais devem colocar a responsabilidade por cuidados essenciais, tanto básicos quanto importantes, à mercê das escolhas delas.

Favorecer que o filho seja autônomo envolve também

situações em que a criança cai, sem grandes ferimentos, e fica no chão por um tempo, até que ela mesma resolva se levantar.

Os pais que correm para levantá-la, além de não favorecer a sua autonomia, ainda deixam a criança aflita com uma simples queda e enviam a ela a mensagem de que, toda vez que ela cair, a mamãe e o papai estarão de prontidão para levantá-la. Por incrível que pareça, é o que ocorre com muitos adolescentes delinquentes, que vão para a delegacia por terem cometido algum delito, mas o papai e a mamãe dão um jeitinho de resolver a situação de modo a poupar seu filhote. Tratam-no como um bebezinho, igualzinho a quando ele tinha um aninho e andava de fraldinha, chupando o dedinho.

A condição autônoma de muitas crianças hoje em dia parece andar na contramão da tecnologia do nosso mundo globalizado. Enquanto a tecnologia se desenvolve rapidamente a cada dia, possibilitando agilidade e independência, muitas crianças estão crescendo cronologicamente, mas ficando "embebezadas" internamente, como costumo dizer.

Sendo ouvida com respeito e atenção, a criança consegue romper o cordão umbilical com sua mãe. Já as crianças que possuem dificuldades para vivenciar e desenvolver os seus sentimentos permanecem em um vínculo eterno com seus pais e, assim, não amadurecem afetivamente.

São as crianças que não conseguem dormir na própria cama longe de seus pais, as de 2 e 3 anos que só comem papinha, as que já têm 5 anos e ainda usam chupeta e mamadeira, as de 7 anos que não sabem limpar o próprio bumbum, que não sabem amarrar o cadarço do tênis etc.

Mais à frente, quando os filhos não conseguem aprender a ler e a escrever devidamente ou a fazer cálculos matemáticos dentro do padrão para sua faixa etária, os pais não compreendem. A infantilização dos filhos afeta diretamente a aprendizagem.

Primeiro: nenhuma criança se embebeza sozinha. Ela não fica presa nos primeiros anos do desenvolvimento por escolha dela, pois faz parte da natureza que ela cresça e amadureça. São os pais os responsáveis pelo embebezamento dos filhos.

Segundo: à medida que vai crescendo fisicamente, como não é boba, percebe a diferença entre ela e as demais crianças. Começa a se observar e a se comparar dentro dos grupos sociais que frequenta. Com isso, começa a perceber o quanto ela não sabe, o quanto ela é menos do que as outras. Ocorre, então, o início de um quadro de baixa autoestima.

Terceiro ponto: a criança se olha no espelho e pensa: "Eu tenho 7 anos, eu sei que eu não sou bebê, sou um menino". Ao mesmo tempo, essa criança pensa: "Mas eu ainda faço xixi na cama e mamo na mamadeira. Só os bebês fazem isso, mas eu não sou bebê, ué!". Por fim, ela pensa: "Mas então, se eu não sou uma criança de verdade e também não sou um bebê de verdade, o que eu sou?".

Então, além da baixa autoestima, a criança entra em um processo de não pertencer a nenhum grupo. E, como seres humanos, a necessidade de socialização, de fazer parte de algum grupo, é natural. Isso quer dizer que uma criança que não consegue se encaixar em nenhum grupo sente-se um peixe fora d'água.

Infelizmente, é isso mesmo o que ela é, pois não existem bebês com corpo de criança de 7 anos e, por outro lado, crianças de 7 anos, em equilíbrio, não se comportam como bebês. Então, ela é mesmo um peixe fora d'água.

As crianças que crescem com a autoimagem de ser um peixe fora d'água sofrem muito em relacionamentos sociais, sempre com o sentimento de não pertencer ao grupo em questão.

Isso é uma judiação: uma simples e pura criança com baixa autoestima porque não foi permitido a ela que crescesse com a autonomia devida.

Faça uma lista dos afazeres em que o seu filho não possui autonomia, mas já poderia possuir.

Quais são as suas dificuldades em favorecer essas autonomias?

A ESCADA DA HIERARQUIA

Existe uma escada da hierarquia familiar. Em que degrau da escada você colocaria o seu filho? E em qual degrau você colocaria a si mesmo?

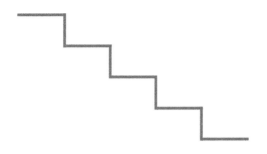

H ierarquia. Autoridade. Respeito aos mais velhos. Fidelidade a quem dá a vida. Ou seja, fidelidade aos pais.

Hierarquia está relacionada com diversos aspectos: com a idade, com quem chegou primeiro, com o melhor, com o mais sábio, até com quem tem mais. Mais dinheiro, mais estudos, mais poder.

Hierarquia significa disposição de elementos em ordem de importância.

Peguemos a Marinha brasileira. O sujeito começa como marinheiro, passando a cabo e, depois, a terceiro, segundo e primeiro-sargento. Em seguida, torna-se suboficial, guarda-marinha, segundo e primeiro-tenente. Após essas etapas, vem a etapa de capitão: capitão-tenente, de corveta, de fragata, de mar e guerra. Com certa maturidade, dedicação, esforço e reconhecimento, o fulano passa a ser contra-almirante, vice-almirante e, finalmente, com muita honra, ele é condecorado almirante-de-esquadra, podendo passar a almirante caso o país entre em guerra.

Vamos pensar nos casos nos quais ocorre desacato à autoridade. Nem sempre a tal autoridade tem mais razão do que quem a desacatou. Nem sempre a tal autoridade tem mais sabedoria, melhor formação acadêmica e, tampouco, mais senso de justiça. No entanto, por ocupar certa função, passa a ser dona de mais poder.

Então, o cidadão que não concorda com a autoridade em questão, mesmo sabendo que está certo no seu pensar, precisa abaixar a cabeça e, muitas vezes, ficar omisso, para que não seja condenado por aquela autoridade que tem mais poder.

Em todas as sociedades, há diversas formas de hierarquia.

Nos meios de trabalho, sempre há o chefe, o substituto do chefe, os demais membros subordinados àquele corpo, as secretárias, a copeira, o motorista, o zelador. A copeira, o motorista e o zelador são, muitas vezes, os líderes sociais nas suas comunidades locais, além de exercer liderança nas suas famílias.

Nos grupos de estudo, sempre há um líder, mesmo que não seja aclamado como tal, mas sempre há aquele que toma a frente, que tem mais iniciativa, enfim, que se porta como líder. E o que o faz continuar assim é o comportamento dos demais integrantes que o tratam como líder.

No reino animal há hierarquia. Como todos sabem, o rei é o leão. No entanto, o rei nem sempre é o mais temido – por exemplo, o animal mais temido em algumas regiões da África é o hipopótamo.

Em qualquer meio existe uma hierarquia natural, para que haja estrutura organizacional do funcionamento do todo. Até mesmo para nós, humanos, vivermos, há uma estrutura de necessidades. De acordo com o americano Abraham Maslow, a base da nossa pirâmide de sobrevivência está relacionada às necessidades fisiológicas, seguida pela segurança, conquistas nos relacionamentos sociais, autossatisfação, chegando à aquisição do desenvolvimento das nossas capacidades. Logo em seguida, vem a realização da nossa autoestima, finalizada no topo da pirâmide pela autorrealização.

No pódio de Fórmula 1, há os degraus da hierarquia do primeiro, do segundo e do terceiro colocados.

Em qualquer meio, todos têm o seu papel, a sua função, o seu patamar na hierarquia. E, dentro de uma família, isso não é diferente. Quer dizer, não deveria.

Veja aqui qual é o lugar que os pais e os filhos devem ocupar na escada da hierarquia:

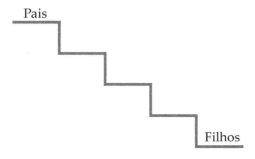

Esse é o lugar dos pais, indiscutivelmente. E abaixo deles é o lugar dos filhos, indiscutivelmente também. Tanto quanto o céu é azul e a gravidade faz cair para baixo.

O pai que não se coloca no lugar de pai e a mãe que não se coloca no lugar de mãe perdem o seu poder dentro da hierarquia natural do núcleo de sua família. O núcleo familiar envolve pai, mãe e filhos. Nessa ordem. Sem machismo, sem feminismo e sem hipocrisia. Sem preconceitos e pré-conceitos também. O homem vem primeiro, sim, por uma real e natural questão de força física e papel de provedor que ocupa dentro de uma família. Por mais que as coisas possam estar mudando em algumas sociedades, o homem sempre continuará sendo o mais forte fisicamente dentro de casa.

Hierarquia está ligada à ordem. Tanto à ordem do poder quanto a dar uma ordem. É o patrão que dá ordens aos funcionários, a patroa que dá ordens à faxineira, a chef de cozinha que dá ordens aos demais cozinheiros. Enfim, em qualquer profissão, seja médico, bancário, professor ou ator, se você é subordinado, você recebe ordens. Às vezes é possível negociar algumas delas, às vezes não. E quando não é possível negociá-las, você, subordinado, deve e precisa obedecer a elas.

Em casa também. Quem manda são os pais. Sempre. Até eu, que já passei dos 30, quando vou para a casa da minha mãe, tenho que respeitar as regras impostas por ela. Se eu achar ruim, que eu vá então para um hotel. A casa é dela, portanto, quem manda lá é ela.

No meu consultório, mando eu. Na minha casa também. Mas, no meu condomínio, tenho que obedecer às regras votadas pelos condôminos, respeitar o poder ocupado pelo síndico, e dependo da autorização do zelador para certas questões.

Com os pequenos, então, a coisa deveria ser mais firme ainda. Por quê? Porque, como já disse, eles são projetos de gente.

Abomino o pensamento segundo o qual os "pais não mandam nos filhos", que prega que os pais devem sempre conversar, explicar, ser amigos, pedir a opinião.

OS PAIS MANDAM NOS FILHOS, SIM! Mandam escovar os dentes para não terem cáries, mandam tomar banho direito para ficarem limpos e cheirosos, mandam cuidar bem dos cabelos para evitarem piolho, mandam colocar meia nos pés quando está frio para não adoecerem, mandam comer verduras, legumes, carnes, grãos e tomar leite para terem uma boa nutrição, mandam fazer a lição de casa para aprenderem e passarem de ano, mandam pedir desculpas ao amiguinho para reconhecerem seus erros e não perderem a amizade... Enfim, se os pais não mandarem nos filhos, quem é que vai mandar? Se não ensinarem a eles o certo e o errado, quem o fará? Como os filhos irão sobreviver com dignidade na selva em que vivemos se os pais não derem a eles os valores necessários?

Infelizmente, tudo só tende a piorar, pois os filhos que hoje estão batendo nos pais, logo, logo serão os pais de amanhã. O que será que os filhos dos filhos de hoje farão com eles amanhã?

Os pais de hoje se orgulham em dizer que são amigos dos seus filhos. Pois saibam então, pais, que amigo encoberta amigo, amigo apronta arte junto. Amigos os seus filhos já têm de montão. Eles precisam mesmo é de pais. E pai só existe um. Mãe só existe uma.

Falar baixinho com a criança, abaixar-se até a altura dela para falar olho no olho, explicar os porquês de cada decisão tomada, tudo isso é muito bonito, muito ideal, mas pouco real diante do que ocorre hoje em dia. Esse relacionamento idealista cabe muito bem quando tudo anda dentro do esperado. Mas não quando sai de linha.

E o que é sair da linha? O que é andar dentro do que se espera? É o costume de cada família. É o que é aceito e proibido em cada família. Vivemos em sociedade e temos um padrão de comportamento. Somos criaturas com hábitos. Quem se comporta fora do padrão é considerado o errado. É claro que tudo dentro de uma determinada sociedade; afinal, a carne mais consumida no Brasil é a mais idolatrada na Índia.

Há famílias em que não é permitido almoçar usando boné. Se um dia uma das crianças se recusar a tirar o boné ao sentar-se à mesa, causará um problema.

Cada família possui costumes entre os seus membros. Alguns andam completamente nus dentro de casa o dia inteiro, outros trancam a porta para trocar de camisa. Alguns almoçam às 11 horas, outros às 14 horas. Alguns jantam o que sobrou do almoço, outros comem algo mais leve. Alguns rezam antes de dormir, outros dormem após uma leitura. Alguns têm televisão no quarto, outros a preferem somente na sala. E por aí vai. Costumes são costumes. Nunca, enquanto terapeuta, intervim nos costumes das famílias dos meus pacientes. Costume não se discute. Desde que não agrida o próximo, ok. O que é comum dentro de uma família é comum a ela e ponto final. Não cabe a ninguém julgar se o correto é andar pelado ou cheio de pudores. Então, uma criança sai de linha conforme os costumes que são vivenciados pela sua família.

Mas há que se ter cuidado com os maus hábitos, pois, de acordo com o americano William James, um dos pioneiros na psicologia, os maus hábitos não só retardam o nosso desenvolvimento como limitam a nossa felicidade. Tal afirmação pode ser complementada pelo pai do behaviorismo, Skinner, também americano, que dizia que a personalidade é uma coleção de padrões de comportamentos.

Todos nós seguimos costumes. Seguimos costumes sociais, seguimos costumes na hora em que vamos nos vestir, costumes, costumes e costumes. Alguns são bons costumes e outros são maus costumes. Mudar os maus costumes não é nada fácil. Trata-se de um processo longo, que exige muita reflexão e humildade para enxergar e assumir os próprios erros.

Coloco-me como exemplo aqui: as pessoas estão acostumadas a ver os terapeutas vestidos com um traje mais formal, mais reservado, mais discreto. Já pensou se, em um dia de 38 graus Celsius, em Ribeirão Preto, eu resolver atender meus pacientes vestindo roupas de praia? Já pensou se, quando eu for dar uma palestra em alguma escola, sabendo que sairei de lá por volta das 22 horas, eu for com um vestido sensual?

Seria um choque tremendo. E com razão, pois eu estaria fora dos costumes.

Portanto, é inaceitável o pensamento de que não temos padrões a seguir, pois temos, sim. Basta pegarmos o avião e atravessarmos um dos oceanos para vermos o quanto é importante nos comportarmos com respeito aos costumes de outros países. Aliás, nem precisamos ir tão longe: frequentar uma igreja já requer um comportamento diferenciado. Enfim... Os pais precisam ser claros com os filhos sobre o que pode e o que não pode. Ninguém pode tudo. Muito menos a qualquer hora. Isso não existe. Nem Hitler podia tudo. De tanto achar que podia, deu no que deu. Acabou provando o próprio veneno. Literalmente.

A maior dificuldade que tenho com os pais durante as orientações que passo é estabelecer o equilíbrio. Geralmente, ou os pais proíbem tudo ou permitem tudo.

Cada letra escrita neste livro é falada com muita transparência aos pais dos meus pacientes no meu consultório.

A maioria dos pais, hoje em dia, não consegue se colocar no degrau em que, de fato, deveria se colocar. Não consegue nem ao menos se enxergar como autoridade dentro da sua própria família.

Esse é outro inconveniente pregado de uns tempos para cá. Fizeram da palavra "autoridade" uma palavra do mal, sendo que autoridade, em si, é uma simples fonte de poder, a base para qualquer tipo de relação hierarquizada, e requer obediência incondicional. É diferente de ser autoritário, que é uma pessoa que não admite contradição, como um déspota.

Quando defendo a obediência incondicional, é devido a uma "epidemia" que se alastra atualmente de crianças que questionam o porquê do horário estipulado pelos pais para irem dormir, o porquê de serem obrigadas a fazer a tarefa da escola, o porquê de precisarem comer verduras e legumes, o porquê, o porquê, o porquê!

Os pais não devem justificar tudo aos filhos. Os pais têm de entender urgentemente que o foco dos filhos não está em entender as razões de tantas regras. Se fosse assim, eles ficariam satisfeitos após a primeira explicação. Mas, ao contrário, munem-se de uma infinidade de perguntas e deixam enlouquecido qualquer pai em busca das respostas corretas. E os pais, em vez de colocarem um ponto no interrogatório, alimentam esse esquema de tortura, buscando as tais respostas para as crianças. Sentem-se incapazes e despreparados quando não conseguem mais achar uma resposta plausível.

Vejamos um exemplo típico de muitos lares:

23h. Casal na sala, vendo filme ou conversando com amigos.

Pai: "Filho... vai dormir, vai."
Filho: "Ah... mas por quê, pai?"
Pai: "Você já brincou muito, tá na hora."
Mãe: "Fulaninho, obedeça ao seu pai, vai."
Filho: "Ah, não... mas eu quero brincar mais!"
Mãe: "Você está cansado, vai pra cama."
Filho: "Eu não, não tô cansado. Quero brincar mais."
Pai: "Vai logo pra cama que amanhã eu compro mais figurinhas para o seu álbum."
Filho: "Eu tenho dinheiro da minha mesada pra comprar as figurinhas que eu quiser."
Mãe: "Querido, vá já para a cama. Amanhã a gente faz algo especial."
Filho: "Ah... como vocês são chatos. A mãe do Beltraninho sempre deixa ele dormir supertardão!"
Pai: "Ai, meu Deus, então, olha: tá certo, mas é só mais um pouquinho."

Pronto! Vitória para o filho. Os filhos só fazem toda essa tortura com os pais, só causam todo esse desgaste porque sabem que, após um certo tempo, seus pais não irão mais aguentar e irão ceder aos seus caprichos. Todo filho conhece o pai e a mãe que tem.

Os pais que batem boca com os filhos descem do degrau de pais e tornam-se irmãos. Argumentar, querer entender, ok. Mas a insistência em contrariar, em medir forças, isso não. Negociar de igual para igual é inadmissível. Pense bem: o seu chefe não negocia de igual para igual com você; você não negocia de igual para igual com os seus funcionários. Com os filhos também não deveria ser assim.

É assim que começa. Aos 3 anos, medem forças por causa do horário de dormir; aos 5 por causa do último modelo de telefone celular; aos 7, por causa do *laptop*; aos 10, por causa de uma viagem para a Europa e, aos 15, ah... aos 15! Aos 15, ele quer porque quer o carro e você vai porque vai dar o carro a ele. Como eu sei disso? Oras, se você deu um celular para o seu filho de 5 anos que nem está alfabetizado só porque ele ficou choramingando, então você vai dar, sim, o carro a ele. Infelizmente.

O certo é que os pais se coloquem no degrau deles, desde sempre. Depois que os pais descem do degrau, para recuperar o respeito do filho, o trabalho é muito maior.

Muitas crianças não ousam tentar convencer os pais com tamanha insistência, pois sabem que, além de não conseguirem o que tanto querem, ainda por cima correm o risco de sofrer alguma punição, como a privação de um passeio no dia seguinte ou algo similar.

Na situação do exemplo anterior, sobre o horário de dormir, o que os pais deveriam e precisam responder muitas vezes é:

"Você vai para a cama agora porque já passou da hora de criança ir dormir!".

Não bastando, encerrar em tom bem firme com algo como:

"Já pra cama agora! Porque eu sou seu pai e estou mandando".

Quando digo tom firme, não digo gritar. Não é necessário

gritar para ser firme. Até porque os filhos se tornam surdos ao excesso de gritos dos pais. Os pais que gritam demais não ouvem seus próprios filhos. Devido a esse comportamento, esses mesmos pais não são ouvidos pelos seus filhos. Ninguém ouve ninguém.

Um adulto pode ser bem firme com uma criança falando em tom sério e olhando dentro dos olhos dela, sem sorrisos e sem fazer gracinhas.

Pais que falam a mesma coisa inúmeras vezes aos filhos também não estão se colocando no degrau em que deveriam se colocar. "Nossa! Eu já falei isso para ele trezentas vezes e, mesmo assim, ele não me obedece!"

Claro! Pelo visto você pode falar a mesma coisa 300 milhões de vezes, pois ele não vai lhe obedecer mesmo. Ele está se divertindo à beça com isso e provando para si mesmo o quanto é poderoso dentro de casa, o quanto consegue descompensar você. Coloque-se no seu degrau e seja firme! Diga apenas uma vez e ponto final. No início, ele vai estranhar. E você também vai estranhar: quando perceber, já terá repetido umas vinte vezes a mesma coisa. Mas persista. Seja firme.

Alguns filhos testam seus pais o tempo todo. Compreendo o cansaço, o desgaste e o estresse dos pais. Mas, se os próprios pais não conseguirem impor limites aos seus filhos, quem poderá fazer algo por essas crianças?

Durante minhas palestras sou bem enfática: quanto mais a criança testa um adulto, mais firmeza esse adulto precisa ter.

Gosto muito do exemplo a seguir: família feliz volta de um belo passeio e já é hora de ir dormir (comece a perceber quantas brigas ocorrem entre pais e filhos momentos antes de irem dormir; é que os filhos já entenderam que nessa etapa do dia os pais estão mais cansados e, portanto, mais vulneráveis. Muitas crianças conseguem o que querem antes de dormir). Continuando: família feliz volta de um passeio e o filho de 3 anos diz:

"Eu quero dormir na cama com vocês!".

O casal diz "não" e a batalha está armada! O filho chora, esperneia, foge da própria cama, joga-se no chão, grita para os vizinhos ouvirem todo o escândalo, diz que não ama mais os pais, diz que vai embora, diz que gosta mais da vovó, faz xixi na calça, inventa dor de barriga, inventa dor de cabeça, fica todo suado, cheio de meleca pelo rosto inteiro... Já se passaram umas três horas de trovoadas. Cansados, os pais decidem: "Ai... tá bom, mas só desta vez, hein?!" E a medalha de ouro vai para o grande manipulador de 3 anos de idade!

O que o filho entende disso tudo é que vale muito a pena fazer essa algazarra toda, pois, no final, ele consegue o que quer. E ele, filho, dá conta de três horas de caos, quem não dá conta disso são seus pais. Na próxima vez, três horas servirão somente para esquentar; afinal, o filho é um grande jogador, e os grandes jogadores nunca aceitam perder facilmente.

Observe a carinha de coitadinho que ele faz, os bicos, os choros forçados etc. Uma verdadeira vocação para ser artista. Mas o palhaço não é ele. Ele é o domador – de dois palhaços: o pai e a mãe.

Isso tudo ocorre, também, porque os pais dizem "não" mas, no final, fazem o "não" virar um "sim". Os filhos ficam sem saber quando o "não" é "não" ou quando o "não" é "sim". Mas, se nem os pais sabem direito isso, como podem querer que os filhos saibam? Muitos pais falam "não" já com um sorriso no rosto, como quem vai ceder em apenas alguns segundos ou quando o filhinho fizer aquele jeitinho gostoso que amolece o pai. O filho, que de bobo não tem nada, percebe e fica aguardando o "não" virar "sim".

As crianças estão sempre questionando, reivindicando, fazendo objeções, exigindo e, sobretudo, testando. Faz parte do desenvolvimento infantil. Criança saudável questiona mesmo. É sinal de bom desenvolvimento cognitivo. Mas o excesso de "mas por quê?" nada mais é do que um grande e diabólico teste.

A criança testa se a mãe vai proibir mesmo e, se proíbe, então ela testa se a mãe irá proibir na frente da avó. Se a mãe não se dá bem com a sogra, aí é que a criança testa mesmo.

Costumo dizer que as crianças não possuem antena parabólica, mas, sim, um verdadeiro satélite, pois captam tudo o que acontece ao seu redor. Mesmo se os adultos não comentam nada perto das crianças (o que é raríssimo), elas percebem tudo. Quando os adultos conversam como se os pequenos não existissem, aí, então, estão dando todas as dicas na bandeja para eles.

A criança testa a opinião do pai quando ele está cansado, testa os pais quando estão brigando, e testa todas as vezes que conhece um novo adulto.

Assim são as primeiras sessões que elas têm comigo: um grande teste. Testam a minha palavra, testam se tenho regras, testam se faço as regras serem cumpridas, testam se entro em contradição, testam se ficarei derretida com a cara de coitadinhas que elas fazem.

Quando as crianças veem que, de fato, eu sou a grande, elas se colocam no lugar delas. É assim mesmo que funciona: a criança se coloca no lugar de criança quando o adulto se coloca no lugar de adulto. Caso contrário, a criança cresce, cresce e cresce tendo superpoderes, acreditando ser capaz de literalmente conquistar o mundo.

Os pais são os donos dos filhos e são eles os maiores responsáveis pela sua criação. Mesmo quando ficam em período integral na escola ou quando passam parte do dia com os avós, pois, quando o filho aprontar uma bem bonita, a responsabilidade cairá em quem? Na escola? Nos avós? Nem pensar! A responsabilidade cairá nos pais, que deixaram o filho tempo demais na escola ou com os avós, por exemplo. Portanto, cada um que cuide muito bem da sua ninhada.

William James, citado anteriormente, disse ainda que o ato de não agir, de não ocupar uma posição diante dos acontecimentos é também uma decisão por si só. Trata-se de escolher não fazer. Escolher não ter atitude. E isso significa dar permissão para que as outras pessoas decidam por você.

De preferência, o casal deve falar a mesma língua, ou, então, o problema triplica dentro de casa, principalmente quando um quer compensar o outro. A situação mais comum é: o pai não deixa nada e a mãe deixa tudo, ou vice-versa. Um é muito duro, e o outro, muito mole. O casal não consegue entrar em um consenso. Não consegue nem ao menos tentar compreender as razões do cônjuge, colocar-se no lugar do outro. Estabelecem um cabo de guerra para ver quem manda mais em casa. E se esquecem do foco no momento, que é a educação dos filhos.

Para os filhos, isso é um prato cheio, pois, quando quiserem tal coisa, vão à mamãe, e, quando quiserem tal coisa, vão ao papai. Isso tem um nome: manipulação. E, manipulando, eles reinam.

Filhos que crescem em um lar onde há muitos conflitos entre o casal ou em que um dos pais tenta fazer alianças com os filhos contra o outro cônjuge tendem a desenvolver maior agressividade. Uma filha que é levada pela sua mãe a enxergar o pai como um monstro forma na sua mente uma ideia negativa sobre os homens. Se ela é levada a enxergar a sua mãe como um monstro, forma na sua cabeça uma ideia negativa sobre as mulheres, ou seja, sobre ela mesma. O mesmo processo ocorre com os meninos.

Nas brigas entre o casal, o lugar dos filhos é bem longe; que eles não sejam colocados no meio da discussão.

É surpreendente como os filhos se comportam de modo a suprir as divergências que existem entre os pais. Diante de tantas acusações mútuas e desamor, a criança perde em seus pais a confiança fundamental de que tanto precisa para o seu bom desenvolvimento.

Os filhos, enquanto crianças, só são felizes se os pais também são.

Criança que vive em um lar com muitos adultos tende a desenvolver maior agressividade, pelo fato de ter que lidar com diferentes formas de ser educada. Quanto mais adultos viverem em uma mesma casa, maior a probabilidade de haver discordâncias na forma de educar a criança. Com isso, a criança fica confusa e insegura, tornando-se, muitas vezes, agressiva.

Diante disso tudo, sou taxativa quando digo que os pais são as pessoas que as crianças devem ter como autoridade máxima, indiscutivelmente. Acima dos avós, tios etc. Estes somente deveriam se impor quando os pais estivessem ausentes e, mesmo assim, respeitando as regras impostas por eles.

Bato sempre na tecla de que os extremos nunca são saudáveis, nunca levam à melhor solução, mas o que ocorre é que os pais possuem uma enorme dificuldade de passar por um processo de crescimento. Crescimento como pais. Primeiro, é necessário que haja uma profunda e verdadeira reflexão sobre os próprios erros, sobre os próprios comportamentos como pai, como mãe, para que, a partir disso, seja possível uma mudança de pensamento e, então, uma reeducação quanto à postura no próprio papel dentro da família.

Muitos pais não conseguem fazer com que o filho vista o uniforme para ir à escola, mas pedem a sua opinião na hora de decidir com quem ele quer ficar após o divórcio. Ora essa, assunto de adulto quem decide são os adultos.

Trata-se de um típico exemplo de troca de papéis: os pais viram filhos e os filhos cuidam dos pais. Além de não conseguirem resolver suas questões entre si, os pais ainda jogam a responsabilidade nas costas do filhote.

Se o adulto, que é o grande, age como se fosse pequeno, o pequeno começa a aprender que ele também pode inverter tudo e agir como se fosse grande. Os grandes deveriam ser mais seguros e sábios. O problema maior é que essa situação está virando uma tremenda bola de neve. Sem previsão de parada!

E as bolas de neve, como eu costumo explicar, funcionam assim: começam pequenas e, aos poucos, tornam-se grandes.

Mas, no meio do caminho, enquanto descem montanha abaixo, engolem tudo o que passa pela frente, como, por exemplo, um esquilo morto, a luva de algum esquiador, um chifre de veado, um gorro perdido, cascas de nozes, galhos e troncos, uma carcaça qualquer, penas de urubu, enfim... À medida que se tornam maiores, ficam mais pesadas, devido a todo o lixo que engolem. E ela, a bola de neve, começa a processar todo aquele lixo no seu interior como sendo dela. Processa tanto a ponto de acreditar que, para continuar sendo uma bola de neve, só mesmo contendo tanto lixo, que, a essa altura, ela já acredita que é dela.

As crianças são verdadeiras bolas de neve. Crescem engolindo todo o caos pertencente aos pais. Ao engolir tantas confusões, não conseguem realizar a digestão e crescem com aquele bolo alimentar bloqueando o bom desenvolvimento da sua saúde psíquica e afetiva.

É quando vemos a famosa repetição de padrão: um filho que detesta certo comportamento de seu pai, mas, quando cresce, faz igual. A filha que condena o modelo de casamento que tem, mas, quando se casa, escolhe alguém que lhe dê o mesmo modelo que ela tanto odeia.

Isso ocorre porque os filhos crescem mesclados psicologicamente nos sistemas internos de seus pais. São tantos nós, que os filhos não conseguem discernir o que é problema dos seus pais e o que é de fato problema deles mesmos. Então, repetem tudo. Ou, com foco em não fazer igual, deixam de olhar para dentro de si e às vezes fazem até pior.

Vygotsky, psicólogo bielo-russo, dizia que o resultado final daquilo que uma pessoa se torna depende da interação do seu lado individual com o meio sociocultural. Ana Beatriz Barbosa Silva, psiquiatra carioca, diz também que, se o nosso destino como seres humanos é estabelecer conexões com as outras pessoas, então a aquisição da percepção de justiça e compaixão é essencial para estabelecermos relacionamentos amigáveis.

Para que a criança cresça saudavelmente, dentro da normalidade, é necessário que o pai seja pai e que a mãe seja mãe. Que o seu erro seja punido e o acerto comemorado. E que ela saiba o que é certo e o que é errado; o que pode e o que não pode. Mas tal saber deve ser implantado dentro de casa, pois é lá o seu primeiro e primordial mundo. E, caso ela não aceite as regras de um mundinho tão pequeno, de alguns metros quadrados, com uma população tão pouco numerosa, como ela terá condições internas para aceitar as imposições da realidade do mundão afora, com tanta concorrência, tanta deslealdade, tantas decepções?!

O filho que não respeita os pais não respeita a escola, não respeita os outros, não respeita o mundo. Os filhos que crescem tendo muito poder sentem-se inseguros, pois o poder deveria vir dos pais, que são os maiores.

Com exceção das monarquias, permitir que os filhos sejam criados como reis e rainhas é um grande erro, pois, se eles não souberem distinguir os cavaleiros do bem e os do mal, as fadas das bruxas, o antídoto do veneno, acabarão por viver em grandes torres de isolamento, rodeados por lagos profundos sob o olhar de um gigante e perigoso dragão.

Mesmo que eles vivam ao lado de alguém, ainda assim estarão perdidos no labirinto das suas grandes torres de isolamento. Isolamento interno.

Responda às perguntas a seguir, escrevendo: o máximo, muito, mais ou menos, pouco, o mínimo, nada.

Quanto você de fato se coloca como autoridade diante do seu filho?

Quanto o seu cônjuge se coloca como autoridade diante do seu filho?

Quanto o seu cônjuge respeita a sua autoridade na educação do seu filho?

E quanto você respeita a dele?

Quanto os avós maternos se intrometem no seu modo de educar os seus filhos?

E quanto os avós paternos se intrometem?

Quanto você e o seu cônjuge se apoiam mutuamente na educação do seu filho?

Quanto um denigre a imagem do outro na frente do seu filho?

Quanto vocês transferem para o seu filho uma carga de estresse que não tem nada a ver com ele?

Quanto você e o seu cônjuge brigam na frente do seu filho?

Agora, converse com o seu cônjuge e veja se conseguem entrar em um acordo quanto às questões discutidas.

CRIANDO MONSTROS

A cada dia que passa, vejo que alguns pais têm o poder sobrenatural de criar monstros. Não estou falando dos psicopatas inatos, mas, sim, dos monstros que muitos pais criam. Em sua mente, pensam que estão criando príncipes e princesas, mas, na verdade, estão criando monstros. Querem poupar seus filhos de lidar com as frustrações da vida. Montam um mundo de faz de conta, onde tudo é fácil, perfeito e sempre do jeito que a criança quer, na hora em que ela quer. Mal sabem que o lobo mau e a bruxa existem nos contos de fadas porque, na vida real, temos sempre que lidar com lobos e bruxas. Durante toda a nossa vida. A realidade está repleta de monstros aterrorizantes e seres abomináveis.

Médicos que abusam sexualmente dos seus pacientes, professoras que colocam seus alunos de castigo atrás da porta da sala de aula e os esquecem lá até anoitecer, enfermeiras que espancam idosos, babás que não olham cautelosamente as crianças e ficam de papo furado o dia inteiro com outras babás, delinquentes que atropelam pessoas e nem sequer param o carro para prestar socorro às vítimas, madames que dão calote nos shoppings, burgueses que não têm compaixão por seus empregados quando estes adoecem, enfim... São todas as pessoas insuportavelmente petulantes, egoístas, mesquinhas, tomadas pela prepotência, arrogância... Pessoas insuportavelmente perversas e cruéis.

Adultos e crianças, todos somos diferentes. Alguns aceitam "não" melhor do que outros. Alguns aceitam perder melhor do que outros e sabem lidar com uma perda com equilíbrio mental e emocional. Ter tolerância à frustração é fundamental para crescer em equilíbrio e ser um adulto seguro.

Hoje em dia muitos pais pecam ao poupar os filhos dos sofrimentos da vida. Já vi pais que não ligam a televisão para que o filho não veja que mais um avião caiu, pois a criança poderá ficar em pânico cada vez que entrar em uma aeronave. Já vi pais que disseram ao filho que o cachorrinho foi embora com a cachorrinha em vez de dizer que teve que ser sacrificado. Pais que inventam histórias mirabolantes para justificar o sumiço da bicicleta da criança, sendo que o fato em si é que entrou um ladrão no condomínio e a levou.

São inúmeros os casos de modelos, atrizes e artistas mirins em geral que sofrem devido a um excesso de adoração por parte dos adultos. Crescem sendo o centro das atenções. Crescem com um sentimento de superioridade e perfeição. Na primeira falha ou derrota, despencam.

Os pais possuem uma enorme dificuldade em perceber que crianças muito responsáveis, exemplares e "perfeitas" são, muitas vezes, crianças conturbadas e problemáticas, afinal, é impossível viver em paz quando se tenta alcançar algo inalcançável: a perfeição.

O psiquiatra austríaco Alfred Adler ressaltava a importância de se trabalhar com as pessoas que influenciam na formação da mente e do caráter das crianças, devido ao peso do social na estruturação da personalidade. Para Adler, criar os filhos com superproteção, além de gerar dificuldades sociais, gera, também, problemas no modo como os filhos irão se relacionar com os próprios pais, manipulando-os muito bem.

Alguns pais estão criando grandes seres intolerantes à frustração e intolerantes socialmente. São monstrinhos no meio da sociedade.

Pessoas que não sabem lidar com frustrações nem discordar de forma construtiva sempre descontam isso em algum aspecto de sua vida. Algumas descontam na violência, outras nas drogas, outras descontam nas compulsões, como a compulsão sexual, a compulsão alimentar ou a compulsão por comprar. Outras descontam no que veem no espelho, e por aí vai. Viver é lidar constantemente com frustrações. Envelhecer é uma delas. É a única de que não podemos escapar, mesmo se criarmos uma história mágica, pois basta acordarmos mais um dia para estarmos um pouco mais velhos.

Muitos livros de contos de fadas adaptados pecam ao distorcer as versões originais, amenizando o sofrimento ao longo da narrativa e os finais trágicos para alguns personagens. É o que diz Bruno Bettelheim, em *A psicanálise dos contos de fadas*, pois as crianças precisam lidar com os problemas existenciais, como estar em situações de perigo, e ter a convicção de que o crime não compensa, quando, por exemplo, o personagem do mal morre ou passa seus últimos dias preso, tendo o castigo que merece.

Quanto mais direta for a mensagem para a criança, mais fácil ela irá se identificar com os personagens e perceber que vale a pena ser do bem, pois o do mal sempre é punido no final. Isso possui grande poder de influência na formação do seu caráter, pois trata-se do caminho que a criança escolhe seguir: o do bem ou o do mal.

O autor ainda afirma que é um erro muito grande quando os pais apresentam apenas um mundo inteiramente agradável e belo aos seus filhos, pois esse mundo simplesmente não existe, e, além disso, as crianças sabem quando elas são "do bem" e quando são "do mal". Elas sabem quando se comportam adequadamente ou inadequadamente.

Quem não aceita frustração não aceita envelhecer e entra em uma gigante bola de neve com cirurgias intermináveis e que nunca trazem o resultado esperado, não só por uma questão de falta de amor-próprio, mas também porque a cirurgia plástica anda de mãos dadas com a moda, e a moda, como todos sabem, vai e vem, sobe e desce, vive mudando de opinião.

Não sou contra cirurgia plástica. De jeito nenhum. Penso que, se uma mudança no corpo deixará a pessoa mais satisfeita, mais feliz, então por que não? Eu mesma sei que farei uma cirurgia plástica, pois tenho tendência a ter aquele papo no pescoço. Deus me livre! Abomino aquilo! Muito melhor fazer uma plástica do que passar vinte, trinta anos da vida reclamando de alguma parte do próprio corpo e não fazer nada para mudar.

Sou contra a enxurrada de cirurgias plásticas que muitas pessoas fazem, pois é uma insatisfação tamanha que não há procedimento que as faça realmente felizes. Não nos faltam exemplos de modelos, atrizes, cantores e *socialites* que ultrapassam o bom senso e colocam a vida em risco por causa da estética. Pergunto-me: o que será que tais pessoas enxergam de tão horrível no espelho?

Isso também ocorre com o excesso de consumo. Há pessoas que ganham muito dinheiro, gastam-no todo em etiquetas caras, mas nunca estão satisfeitas. Precisam sempre comprar algo mais.

O consumo é bom. Ter vaidade é positivo, é também uma questão de amor-próprio. De olhar para a sua imagem refletida no espelho e dizer: "Nossa! Como eu estou bonita! Olha só essa roupa, ficou ótima!".

O problema é o excesso. Como muitos pontos abordados neste livro, o problema está no excesso, no exagero, no descontrole. Na falta de equilíbrio e de bom senso.

O que muitos pais têm feito é transformar seus principezinhos e princesinhas em verdadeiros *aliens*, pois, quando deparam com a realidade, ficam totalmente perdidos e começam a procurar desesperadamente por uma fada madrinha. Mal sabem eles que a única fada madrinha que pode ajudá-los é o espelho mágico que existe dentro de cada um. E o nome do espelho é sempre um só: amor-próprio.

Como olhar para dentro de si mesmo de repente se, durante

todo o crescimento, nunca foi exigido que isso fosse feito? É como um treinamento. Como pode uma criança de repente se entender como pessoa responsável na vida se ela nunca foi obrigada a se enxergar assim? Se nunca foi obrigada a ser responsável com as outras pessoas, com o seu cachorro, com os seus brinquedos e tarefas escolares? Há quem diga que ter pena de alguém é um sentimento inadmissível. Mas isso é o que eu sinto pelas crianças que crescem em uma ilusão criada por seus pais. Se um dia os pais baterem o carro e morrerem, elas ficarão realmente surtadas. Não digo isso por simples força de expressão, não. Digo isso porque pessoas que não sabem lidar com pequenas frustrações, muito menos com frustrações mais sérias, que fazem parte da realidade de todos nós, dificilmente superam uma tragédia em sua vida.

Acidentes aéreos, epidemias, psicopatas que atacam shoppings, catástrofes naturais em hotéis, ataques terroristas em *resorts* internacionais... Tudo isso acontece todos os dias ao redor do mundo. Basta ligar a televisão para conferir. Não conseguir lidar com essas situações extremas de estresse e frustração pode levar a pessoa a desenvolver transtornos mentais ou de comportamento.

Lidar com perdas já é difícil de qualquer jeito. Imagine, então, ter que lidar com a morte, principalmente com a morte repentina. Pessoas desestruturadas não suportam. Entram em parafuso. Para que isso não aconteça, a estrutura do ego precisa ser forte para suportar as grandes mudanças na vida, mas não é o que ocorre com as princesinhas e principezinhos criados em um mundo de ilusões.

Pais que se negam a dar um tapa na bunda quando a criança extrapola. Mãe que se nega a cumprir o castigo prometido. Pai que fala "não", mas faz "sim". Mãe que deixa o filho dormir na cama do casal. Pai que, pela ausência dentro de casa, devido ao excesso de trabalho ou ao divórcio, dá uma *overdose* de brinquedos aos filhos. Mãe que compra um lanche especial só para o filho ganhar o brinde, mas com um detalhe: ela é quem come o lanche. A vovó que desrespeita o que a mãe diz. O vovô que finge não ouvir o pedido de colaboração do pai da criança; a professora da escola que faz certos comentários na frente do aluno. A mãe que abusa da professora com exagerados pedidos especiais. O pai que pergunta à toa ao filho se alguém bateu nele na escola. A mãe que faz a tarefa pela criança. O pai que diz que foi ele mesmo quem errou, apenas para isentar a criança da culpa. A vovó que diz que o santinho não fez de propósito, sendo que ele mesmo está com a maior cara demoníaca. A mãe que põe os dois filhos de castigo, sendo que só um errou. O pai que diz que vai jogar o *video game* no lixo, sendo que esse dia nunca vai chegar. A mãe que diz ao filho para obedecer ou então ela vai contar para o pai. Enfim, todos os comportamentos ilustrados nesses exemplos colaboram para um ponto comum a todos os monstros: o poder da manipulação.

Criar um monstro demanda tempo. O processo da criação de monstros ocorre do mesmo modo que o processo de favorecer a autonomia do filho, como já dito anteriormente. É um processo gradual, que não ocorre da noite para o dia. É claro que há exceções, como em toda regra há, mas a tendência é: monstrinhos pequenos tornam-se monstrões adultos.

Monstrinhos que não sabem ouvir um não.

Monstrinhos que não sabem dividir um sanduíche.

Monstrinhos que não aceitam perder uma partida de futebol.

Monstrinhos que não aguentam saber que o primo é melhor do que eles no *video game*.

Monstrinhos que acreditam que têm que ganhar presentes no dia do aniversário dos irmãos.

Monstrinhos que jogam a mochila do amigo longe e dizem que foi sem querer.

Monstrinhos que cospem no prato de comida quando a mãe coloca uma alfacinha ou uma microrrodela de tomate.

Escrevendo este capítulo, pensei em incluir trechos de atrocidades cometidas diariamente em nosso país e mundo afora também pelos monstrões.

Mas, após uma reflexão, mudei de ideia, pois todos nós estamos saturados de ouvir histórias sobre loirinhas milionárias que matam seus pais, sobre filhinhos de papai que maltratam prostitutas e queimam índios, sobre os playboyzinhos que causam vítimas andando de *jet ski*, lancha ou fazendo pega em túnel interditado, sobre gente desequilibrada que joga filho pela janela, sobre gente irresponsável que manda matar em vez de assumir a paternidade... Essas histórias estão ao alcance de qualquer um de nós, todos os dias, nos noticiários.

Então fecho este capítulo contando uma história bem mais interessante.

Peguemos a história sobre o monstro mais famoso de todos:

O MONSTRO FRANKENSTEIN

Diz a história que Victor Frankenstein era um estudioso das ciências naturais e que, um dia, descobriu o segredo da geração da vida. Sacrificou o contato com a sua família e os cuidados com a sua saúde para se dedicar durante dois anos à criação de um ser humano gigantesco. Frankenstein obteve sucesso, mas enojou-se de sua criação e abandonou-a, fugindo.

Um dia, Frankenstein recebeu uma carta de seu pai, comunicando-lhe o assassinato de seu irmão, William. Todas as evidências sobre o crime indicavam a empregada da casa, Justine, como sendo a culpada.

Mas Frankenstein estava tomado por um sentimento de culpa e nada lhe tirava da cabeça que o monstro criado por ele seria o real assassino de seu irmão. Determinado, Frankenstein, o criador, vai ao encontro do monstro, a sua criatura.

No reencontro, o monstro lhe disse que, por onde ele passava, era maltratado pelos humanos e que não conseguia mais viver em isolamento, solitário, escondido de todos. Por isso, amargurado, fora em busca do seu criador, e, em um ato de fúria e vingança, matou seu irmão, incriminando a empregada da casa.

O monstro exige que Frankenstein crie para ele uma companheira e promete, com isso, deixar a humanidade em paz.

Frankenstein concorda com a proposta do monstro, mas, no decorrer da criação da fêmea, temendo criar uma raça de monstros que pudesse destruir toda a humanidade, Frankenstein decide que ele mesmo é quem deve sofrer as consequências dos seus atos e, assim, destrói a criatura incompleta, a fêmea.

O monstro jura vingança.

Frankenstein casa-se com Elizabeth, mas fica em vigília, temendo um ataque do monstro. Este, no entanto, entra na casa de seu criador e estrangula sua esposa, matando-a. Com a notícia da morte de Elizabeth, o pai de Frankenstein morre também. Agora o cientista é quem jura vingança e começa uma perseguição incansável ao monstro. A criatura, muito esperta, faz um trajeto que leva o criador aos mares congelados. Frankenstein, já muito doente, morre.

O monstro, ao ver seu criador morto, coloca-se em prantos sobre o seu corpo e decide cometer suicídio para que a humanidade possa finalmente viver em paz.

O monstro, que nunca teve nome, recebe o de seu pai, seu criador: Frankenstein.

E assim termina a história.

O monstro criado, não contente com a sua condição, volta-se automaticamente contra o seu criador, que, finalmente, assumindo a falha no ato da criação, percebe que só há um modo de ter paz: livrando-se da criatura. Mas ele, o criador, é tão monstro quanto a criatura, ou até mais, por ter sido quem a criou. Morrem ambos.

Pensando como Carl Rogers, que dizia que as pessoas se definem de acordo com as próprias experiências, fica totalmente compreensível a revolta de Frankenstein com o modo como foi criado por seu pai.

De fato, o feitiço volta-se contra o feiticeiro. Sempre. Mesmo com a impunidade da justiça, alguém sempre paga o preço. Sempre.

Escreva aqui os nomes de adultos e crianças que você conhece que poderiam se encaixar nos perfis abordados neste capítulo.

Do que você não gosta em cada um deles?

Agora escreva as características semelhantes entre eles e você.

E entre eles e o seu filho.

BRINCADEIRAS QUE APROXIMAM PAIS E FILHOS

Muitos pais não separam um tempo especial para os filhos, momentos para se curtirem, para criarem intimidade. Muitos pais não dão espaço aos filhos. Rejeitam qualquer convite para brincar vindo deles. Nem sequer passa pela sua cabeça que falar "não posso", "estou cansado", "mais tarde", "hoje não", "deixa para amanhã" todos os dias causa um sentimento de menos-valia muito grande nos pequenos. Os pais ficam tão cansados com a correria do cotidiano que, quando chegam a casa, ficam indispostos para qualquer coisa.

Para quem tem dificuldades em facilitar esses momentos de interação, é preciso separar um tempo, como se fosse uma aula de inglês ou o horário da ginástica. Sei que parece muito artificial e até mesmo algo inaceitável ter que marcar horário para brincar com o filho, mas, para quem nunca arruma tempo, é uma solução. Aos poucos, percebendo o bem que isso faz para vocês dois, você acaba incorporando essa rotina e não precisará mais marcar horário nem cronometrar o tempo no relógio para isso. Simplesmente vai fluir.

Ok. Vamos então às dicas de brincadeiras para aproximar os pais dos filhos.

Para elaborar este capítulo, tentei ser bem prática, pensando em situações normais e reais dentro da maioria das famílias e levando em conta algo que não era tão necessário há três décadas: a falta de segurança nas ruas.

Vamos lá!

A TELEVISÃO

Em vez de deixar o seu filho jogado na frente daquele retângulo grudado na parede, com olhar hipnótico, aproveite para interagir. Sente-se ao lado dele e apenas observe. Comece gravando na sua memória os nomes dos desenhos animados de que ele mais gosta.

Mais tarde, quando você for à padaria, pode comprar para o seu filho uma barrinha de chocolate ou um chiclete com o motivo do personagem principal daquele desenho. Tenho certeza de que ele irá adorar. Abuse dos gibis e revistinhas para colorir, que também possuem função educativa, estimulando a leitura, a interpretação, a criatividade e a coordenação motora.

Tente entender por que o seu filho gosta tanto desses desenhos. Veja se são desenhos mais inocentes ou cheios de mensagens sexuais implícitas, como aqueles em que os personagens possuem corpos muito esculpidos, seios fartos e roupas superjustas e decotadas e se paqueram o tempo todo.

Veja se os desenhos de que ele mais gosta possuem um padrão forte de violência física, gritarias, cenas com sangue e xingamentos. Se o teor da comédia é saudável ou inadequado para a sua idade.

Há alguns desenhos animados no formato de famílias: pai, mãe, filhos e um cachorro. Geralmente mostram o pior exemplo de pais: um pai que não gosta de trabalhar, que abusa do álcool, que é mulherengo, engana as pessoas, não cuida dos filhos... Observe e filtre esses desenhos para os seus filhos.

Uma dica bem legal: arrume a sala de uma forma diferente para passar um tempo vendo TV. Arrume-a de forma desarrumada: arraste o sofá, leve o colchão do quarto para o chão da sala, jogue os edredons no colchão, estoure pipoca, pegue refrigerante e dividam o mesmo espaço (o colchão) para se divertirem um pouco.

Às vezes, desarrumar um pouco a casa gera uma arrumação tremenda nos moradores.

E, ainda, assistindo à televisão, você pode conversar com seu filho sobre os assuntos tratados nos programas que vocês viram. O mesmo serve para os DVDs alugados.

Considerando que a maioria dos desenhos animados não dura mais do que dez minutos, será que é muito difícil você assistir a um desenho com seu filho, por dia, dentro das suas 24 horas?!

Agora vamos falar sobre o brinquedo que gera mais interesse nas crianças em geral.

O *VIDEO GAME*

Sente-se ao lado do seu filho e peça-lhe que ensine você a jogar. Veja como ele é bom nos jogos 3D e como você é um fiasco. Eu, pelo menos, não consigo jogar direito esses jogos; sou da época do fim do Atari, do surgimento do Nintendo com os jogos em cartucho (aqueles que nós assoprávamos para tirar a poeira) e do Master System, com o lançamento do Sonic. No Nintendo, eu era fera, fui a primeira criança da minha família a zerar o Super Mario 1, com as suas oito fases e o chefão que jogava um monte de martelos.

Deixe que o seu filho ria à vontade de você, dizendo que você não sabe nada e é ruim. Você não sabe mesmo, ué! É ruim pra caramba, então deixe o seu filho se vangloriar com alguma inabilidade sua.

Aproveite e diga a ele: "Nossa... Como você é bom nisso! Como você consegue? Será que eu vou conseguir? Você me ensina? Me ajuda?".

O seu filho, com certeza, vai se sentir importante ajudando o pai ou a mãe a fazer algo que de fato não sabem fazer. Até porque a criança estará vendo que aquilo não é uma encenação, pois os pais de fato não conseguem jogar a contento.

O mesmo serve para todos os jogos de computador e os *video games* portáteis.

Tome o seu banho, forre o estômago e jogue meia hora de *video game* com o seu filho após assistir ao noticiário na TV. Depois disso, já estará mesmo na hora de ele fazer outra coisa, para descansar um pouco os olhos e a cabeça e, depois, ir para a cama.

JOGOS DE TABULEIRO

Usem e abusem dos jogos de tabuleiro.

As crianças de hoje em dia (leia-se: as que nasceram depois do ano 2000) jogam muito pouco jogos de tabuleiro, se comparadas com as crianças que nasceram nas décadas de 1970 e 1980.

Parte da causa disso é a quantidade imensa de eletrônicos que surgem a cada dia atualmente. Já falamos sobre o *video game*, mas agora quero frisar que nada substitui o bom e velho tabuleiro.

Além de exigir concentração e bom raciocínio de todos os participantes (adultos e crianças), promove a interação e o bom comportamento ao perder. Saber esperar também faz parte das regras desses jogos. Esperar para jogar o dado, esperar para adivinhar, esperar a sua vez chegar. Isso é muito positivo.

As lojas de brinquedos oferecem uma variedade enorme de jogos de tabuleiro. Alguns são mais caros, mas vale a pena o investimento, afinal, se bem cuidados, duram muitos anos. Até hoje tenho alguns jogos que ganhei na minha infância. Um deles (War) está todo remendado, com fita adesiva, desbotado, mas não importa. Continua sendo legal.

Os pais podem aproveitar o Dia das Crianças, o Natal ou o aniversário do filho para encher o armário de brinquedos com jogos de tabuleiros. Peçam aos avós e padrinhos que deem alguns jogos legais também.

Sempre indico jogos interessantes aos meus pacientes, e, aos poucos, os pais compram, pois os jogos ajudam muito no aprendizado geral.

Alguns jogos são um pouco demorados, portanto, deixe para jogá-los aos sábados à tarde, depois do almoço, quando devemos evitar o sol forte. Mude de ambiente: vá para a área de lazer do seu prédio, ou reúna mais crianças na sua casa, mas jogue junto também.

O mesmo vale para os jogos de cartas. Dos últimos anos para cá a indústria tem lançado muita variedade de jogos de cartas inteligentes e informativos. Além de tudo, são baratos. A maioria pode ser comprada por até 20 reais cada um.

CASINHA, CARRINHO, BONECAS E HOMINHOS

Todas as crianças têm. Algumas gostam muito, outras nem tanto. Mas esses brinquedos são essenciais para que a criança possa experimentar exercer os papéis dos adultos e projetar seus sentimentos e pensamentos também.

Deixe que seu filho domine a brincadeira. Deixe que ele dite as regras e elabore as histórias. Você será apenas o coadjuvante, o protagonista é ele.

Se ele jogar o carrinho contra o muro, jogue também. Se ele mergulhar os bonecos dentro do tanque cheio de água e disser que foi uma explosão, coloque um pouco de detergente e finja que a espuma é a própria explosão.

Deixe que sua filha organize a casinha como ela bem entender. Ela é a dona daquela casa. Deixe-a dar os nomes às bonecas.

Entre você nas brincadeiras dos seus filhos e brinque de verdade!

LEITURA DE HISTÓRIAS

Histórias favorecem muitas situações. Você pode pedir que a criança escolha uma história, ou você mesmo pode escolher uma. Vocês podem pegar livros com desenhos, com fotos, figuras, ou apenas com letras. Livros dos contos de fadas clássicos, textos da internet, gibis ou revistas variadas.

Vocês podem ler as histórias juntos (cada um lê um pouco) ou individualmente (um lê para o outro e depois inverte). Podem inventar histórias de acordo com a própria imaginação.

Podem ler na cama, no sofá, na rede, na beira da piscina ou em um cantinho secreto de casa, como um esconderijo.

Podem inventar histórias sobre as pessoas da família.

Podem usar roupas um do outro para encenar os papéis da história. Já pensou que engraçado seria o seu filho tentando andar em um sapato de salto da mãe, a mãe que tenta calçar o tênis do filho, ficando com mais da metade do pé para fora, o pai que coloca a tiara da filha e pega a sua bolsinha e a filha que veste a camisa polo do pai e pega os seus óculos escuros?

Além de ter que tomar cuidado para não estragar o que pertence ao outro, é preciso emprestar os próprios objetos também. Todos se enriquecem e se divertem bastante!

Vale a pena tirar fotos e mandar por e-mail para os primos e tios com um título como: "Nosso fim de semana maluco!" ou "Família divertida" e esperar as respostas de todos.

BRINCAR DE ESCOLINHA

Isso é muito legal. E ninguém precisa gastar muito.

Você pode usar os jornais do dia anterior e revistas velhas. Os papéis de escritório que muitas pessoas jogam fora são muito úteis, pois podem ser aproveitados do outro lado. Uma caixa de giz de cera e tocos de lápis sempre existem espalhados pela casa. Basta procurar.

Brinquem de copiar, fazer ditado, imitar, aplicar uma provinha sobre, por exemplo, "o que aconteceu hoje no almoço na casa da vovó". A troca de papéis é muito bem-vinda aqui. Ora os pais são professores, ora são alunos. E quando o professor for o filho, você poderá ouvir frases como: "Psiu! Quietinho! Pare de fazer bagunça. Fique quieto e preste atenção na aula ou você vai ficar sem parque e vai para a sala da diretora!". Será muito divertido tirar uma foto do filho, professor, colocando o pai, aluno, de castigo.

Isso faz com que a criança sinta, mesmo que ludicamente, o poder de ser uma figura de autoridade e fixe mais ainda dentro dela o comportamento que se deve ter dentro de uma escola.

DESENHAR E COLORIR

A maioria das crianças adora desenhar.

Tenha uma caixa em casa cheia de giz de cera, lápis de cor, canetinhas, lápis preto, borracha, apontador, régua, carimbos, pincéis e tintas.

Deixe a imaginação fluir.

Desenhem juntos, desenhem separados. Brinquem também de um ficar apenas observando o desenho do outro. Tentem adivinhar o que o outro está desenhando.

Depois selecione os melhores desenhos do dia e coloque-os com fita adesiva pendurados na estante da sala para que todos possam ver as obras-primas produzidas e para que se lembrem, também, dos bons momentos que passaram juntos.

Além de desenhos no papel, existe no mercado tinta apropriada para a pele, que permite fazer desenhos no corpo um do outro. Algumas famílias também podem deixar que a criança faça algum desenho com giz escolar (aquele com que a professora escreve na lousa) na calçada de casa. Além de muito original e divertido, ainda trabalha a responsabilidade da criança depois da arte, tendo que ajudar os pais a lavar a calçada com a vassoura e sabão em pó, para depois tomar um belo banho com bucha.

Para reforçar a memória sobre a pintura no corpo e na calçada, tire fotos, muitas fotos! Abuse da máquina digital!

CANTAR MÚSICAS

Para complementar a brincadeira anterior, nada melhor do que cantar no chuveiro. Pode ser junto com um CD, pode ser música maluca inventada na hora, pode ser música de propaganda, de desenho animado, enfim... Cantar é sempre muito bom.

IDAS AO SHOPPING

Como brasileiro adora ir ao shopping, de vez em quando os pais poderiam fazer algo especial: em vez de irem ao shopping pensando no supermercado, no caixa eletrônico, na loja de material de construção, nas lojas em liquidação, poderiam fazer um passeio puramente voltado para as crianças. Claro que com um limite de gasto, mas algo voltado para elas. Separar um X em reais para que elas decidam como irão gastar: se torrarem tudo nos jogos eletrônicos, não sobrará para o cinema. Se torrarem tudo em montanha-russa e tobogã, não dará para comprar doces e bugigangas.

É uma ótima atividade para treinar a responsabilidade com o dinheiro.

PASSEIOS CULTURAIS

Há quanto tempo você não vai ao teatro? Não vai a uma exposição de fotos? Não faz uma viagem curta, de um fim de semana, para alguma cidade próxima à sua? Sempre há algum lugar para conhecermos; ainda mais na imensidão do nosso país, com a riqueza natural e gastronômica que temos, não faltam opções. Basta buscar.

Nem sempre precisamos gastar muito para ter acesso a acontecimentos culturais. O SESC, por exemplo, tem uma programação muito variada e bem estruturada que atende a todas as faixas etárias. Fique de olho nos teatros de fantoche e marionetes. E não deixe de levar os seus filhos na próxima vez que o circo estiver na sua cidade! É muito legal ficar na arquibancada comendo algodão-doce, vendo o palhaço, o mágico e o trapezista. Lembre-se: fotos! Se você esquecer a câmera em casa, não tem problema: tire com o celular. Mas tire fotos! Registre esses momentos!

ATIVIDADES AO AR LIVRE

Aí está algo em total processo de extinção nos dias de hoje.

Andar de bicicleta, pescar, jogar *frisbee* (disco), brincar de bambolê, pular amarelinha, brincar com areia, jogar bexiga com água, fazer corrida de ovos na colher, torta na cara são brincadeiras que demandam mais espírito esportivo e bom humor do que as dicas dadas até agora.

Concordo com que as ruas inseguras e esburacadas não ajudam em nada, mas hoje temos muitos condomínios, quadras comunitárias, espaço nos clubes e os parques também. Não ficam na porta de casa, mas também não é tão difícil achar lugares adequados para essas atividades.

Para fazer as tortas na cara é muito fácil: bata na batedeira apenas as claras dos ovos com açúcar, como se fosse fazer suspiro, e, para decorar as tortas, coloque uma gema em cima de cada uma. Use um pedaço de papelão para ser o pratinho e divirta-se!

As tortas podem ser usadas em uma competição de perguntas e respostas sobre qualquer tema em que o grupo votar.

Não respondeu, levou torta na cara e no cabelo! Imagine a meleca! Agora imagine a diversão! Faz bem para a alma e para o coração. E você já sabe: tire fotos do seu filho todo lambrecado!

JOGAR BOLA

Jogar bola é uma atividade ao ar livre que merece destaque devido à quantidade de opções que ela nos dá. Pode ser um esporte: futebol, basquete, vôlei, pingue-pongue etc., podem ser brincadeiras, como queimado, brincar de bobinho, batata-quente etc. E pode ser livre também – jogar pelo prazer de jogar: jogar alto, jogar baixo, na altura da cabeça, da barriga, do joelho, arrastar pelo chão, jogar quicando várias vezes, quicando uma vez só, jogar falando nomes de pessoas conhecidas, tipos de carros, animais que existem no zoológico.

Enfim, existem muitas possibilidades com uma única bola.

CONTATO COM ANIMAIS

Se você tem cachorro, leve o bichinho para passear em um lugar diferente. Faça o seu filho observar como o cachorro explora um novo ambiente. Arrume brincadeiras novas para fazer com os gatos também.

Brincar com calopsitas, coelhos, tartarugas e *hamsters* é uma delícia. As crianças adoram. Ter um animal também propicia que a criança lhe dê água, alimente-o e limpe sua sujeira. É claro que os adultos vão supervisionar.

Visite um *pet shop* e fique vendo os animais fazendo bagunça ou sendo tratados. Também pode ser uma experiência bem interessante.

Em algumas praças ainda é permitido alimentar os pássaros com miolo de pão. Isso também ocorre em alguns parques que têm patos e micos-leões. Dar frutas a eles é muito divertido.

Apenas tome cuidado com o excesso de contato, devido a doenças que alguns podem transmitir.

Para quem gosta de cavalos, leve seus filhos a algum haras ou escola de hipismo. Geralmente eles oferecem uma aula experimental gratuita. E, caso seu filho (ou você) se interesse, pode até começar a praticar um novo esporte. Se não quiser gastar muito, você pode se organizar para pagar para o seu filho uma aula de hipismo uma vez por mês; pelo menos ele monta no cavalo e se acostuma aos poucos com ele. Cavalgar é ótimo para trabalhar a postura, o equilíbrio e... a confiança. Existem fazendas que abrem o espaço para que as pessoas passem o dia lá. Informe-se sobre as fazendas perto da sua cidade.

MEXER COM TERRA E ÁGUA

Ah... Isso é bom demais. Ficar em contato com o que há de mais primitivo na natureza – a terra e a água – é extremamente saudável para as crianças. Enfiar a mão na terra, ajudar a mamãe a trocar uma planta de vaso, cuidar de um canteiro de flores, cultivar uma horta. Mesmo aqueles que moram em apartamento podem ter uma horta, como aquelas de temperos. E, morando em casa ou em apartamento, nada impede que você tenha um parapeito cheio de vasinhos diferentes.

No meu consultório eu tenho suculentas, pois acho-as lindas, além de me permitirem praticidade no cuidado em meu ambiente de trabalho. Meus pacientes sempre dão uma espiada para ver se elas mudaram em algo.

Tomar banho de mangueira é algo de que me lembro com um sabor muito bom da minha infância. Pode ser depois de brincar bastante de bolhinhas de sabão e de lavar as bonecas e brinquedos encardidos no quintal de casa. Assim a criança se diverte e tira o grude de sabão que fica no piso.

Quem tem piscina, aproveite. Brincar na piscina é bom

demais! Principalmente quando a criança tem com quem brincar; portanto, brinque você com o seu filho. Brinque de pular certo, de pular engraçado, de nadar debaixo d'água, de achar tesouro escondido (moedas jogadas no fundo), de ver quem consegue flutuar por mais tempo... Brinquem, brinquem e brinquem!

Quanto às fotos, hoje em dia não tem desculpa: existem tanto câmeras à prova d'água quanto capas protetoras para as câmeras com um preço acessível.

COLECIONAR QUALQUER COISA

Ah... Como era bom! Minha mãe sempre me estimulava a aumentar a minha coleção de papéis de carta. Ainda tenho uma pasta com alguns deles até hoje. Gosto de usá-los em ocasiões especiais, quando presenteio alguém querido.

Fazer coleções é muito legal. Estimule seu filho a colecionar o que ele quiser. Se ele quiser fazer coleções de algo baratinho, como de embalagens de sabonete (eu já fiz) ou de latas de refrigerante (meu primo tem uma superlegal), estipule regras para que o quarto dele não fique atravancado de latas de refrigerante espalhadas e nem que o carrinho de supermercado tenha cinquenta tipos de sabonete todas as vezes em que você for às compras. Estipule regras.

Colecionar objetos um pouco mais difíceis de serem obtidos, por exemplo, edição especial da Barbie ou miniaturas de carrinhos, faz com que seu filho tenha organização financeira, equilíbrio para não gastar toda a mesada nisso e controle da ansiedade, pois trata-se de exemplos de coleções que crescem devagar e com metas, por exemplo: "Este ano quero conseguir mais dois carrinhos para a minha coleção".

Dependendo da coleção, isso pode gerar um grande lucro no futuro. Outro dia, vi na televisão preços absurdos de algumas revistas de histórias em quadrinhos. O que é diversão hoje pode ser um negócio amanhã. É algo a se pensar.

RECICLAR

Reciclar é muito legal. Além de você ensinar o seu filho a separar o lixo, ele ensinará aos seus amigos e assim sucessivamente. O aproveitamento de alguns materiais também é bacana. Há alguns meses fui a uma festa infantil em que a lembrancinha, feita pela mãe da aniversariante, era uma lata de chocolate em pó decorada com recortes de jornais e revistas. Ficou tão bonito que eu fiz questão de guardar a minha. Fica ao lado do meu computador, com os comprovantes dos cartões de crédito dentro. Todo mundo tem mil trequinhos para guardar em latas decoradas. Você também pode reciclar roupas velhas com os seus filhos. Por exemplo: uma camiseta que ele adorava, mas que agora não serve mais porque ele cresceu, pode virar uma almofada, se você preenchê-la de trapos e costurar nas aberturas. Recicle! E tire fotos!

PIQUENIQUE

Aí está algo diferente para ser feito em uma tarde qualquer. Qualquer lugar serve: pode ser o parque da cidade, a praça, o quintal da casa da vovó, até a sua garagem! O simples fato de ter uma refeição em um local diferente do habitual já deixa a situação com cara de atração.

Improvise e seja criativo: se você não tiver uma cesta, use uma caixa qualquer. Decore a caixa com fotos de vocês e recortes de revistas com motivos de comidas. Encape com plástico adesivo e deixe a caixa reservada para outras ocasiões.

Faça o seu filho participar de todas as etapas, desde lavar as frutas, até preparar os sanduíches e cortar um pedaço do bolo. Tenha uma toalha especial para os piqueniques. Se você conseguir achar uma toalha xadrez vermelha, será perfeito, pois o seu filho vai logo pensar nos desenhos animados. Ele vai adorar!

Aproveite para colocar jogos e livros de histórias dentro da caixa, para prolongar o momento. Você também pode levar um radinho à pilha ou o próprio celular com músicas para vocês ouvirem.

Observe o bem que um piquenique esporádico fará, não só à relação de vocês, mas a você como pessoa também. Curta ao máximo e relaxe! Bata fotos!

TRANSFORMAR O CHATO EM PROVEITOSO

Enumere as situações mais comuns em que você sofre estresse devido ao mau comportamento do seu filho e tente bolar ideias para evitar tanto desgaste.

Exemplo: antes de ir ao supermercado, diga ao seu filho que você percebeu como ele consegue organizar bem qualquer coisa e peça a ele que organize as compras dentro do carrinho de maneira que os produtos mais pesados não estraguem os mais leves. Ou, também, que ele dirija o carrinho do supermercado de modo que vocês não o estacionem no meio do corredor, causando o maior engarrafamento.

Você pode ir mais além e pedir a ele que observe e conte nos dedos quantas crianças se comportam mal no supermercado e quantas se comportam bem.

Nos corredores de guloseimas, você pode lhe dizer seriamente que o filho de uma amiga sua ficou com cáries e que você não quer que ele fique com bichinhos na boca; então, que escolha, no máximo, três pacotes de biscoitos recheados (estipule uma quantidade que seja menor do que aquela que vocês costumam comprar).

Ao se dirigir à fila, antes que ele comece a ficar impaciente você pode lhe propor um desafio: comparar o que é vendido nas prateleiras da fila de vocês e o que é vendido na fila ao lado; observar qual fila vende mais chicletes, chocolates, gibis, revistas de decoração, de carro etc.

Por fim, peça a ele que ajude você a separar as compras em categorias: xampu com sabonete, iogurte com manteiga, biscoitos com salgadinho, arroz com feijão etc. Com isso o seu filho começa a desenvolver noções matemáticas, pois estará trabalhando agrupamentos.

Pense bem: não é tão difícil ser criativo em um supermercado.

CARINHO, CARINHO E CARINHO

Pois é. Não deixe de tocar o seu filho, de beijá-lo e abraçá-lo aos montes. Aproveite enquanto ele vê graça em brincadeiras corporais e quer contato físico com você. Não dispense o cafuné nem o aconchego na rede com ele. Ao ler histórias juntos ou assistir a um filme na TV, esteja com o braço por trás das suas costas, como que trazendo-o para o seu peito. Dividam a mesma tigela de pipoca e o mesmo edredom. O aconchego é bom demais, e, se você o habituar a dar e receber carinho enquanto for criança, a probabilidade de que seja carinhoso e atencioso com você quando for adulto será muito grande. Isso é válido tanto para meninas quanto para meninos.

Mimo de cafuné, mimo de carinho, mimo de apelidos carinhosos fazem bem. Até hoje o meu avô me chama de "nenê do vovô", a minha avó me chama de "negucha" e a minha mãe me chama de "filhota". Sem contar os dengos que recebo dos tios e primos. Digo aos quatro ventos do planeta: ser querida pela minha família como eu sou é bom demais!

DIALOGAR, CONVERSAR, BATER PAPO

Parece banal, mas não é. Separar um tempinho todos os dias para conversar um pouco com quem amamos é essencial para fortalecer as relações. Você não vai falar para o seu filho que está preocupado porque não tem aplicado bem em ações. Mas você pode falar que teve um dia muito legal no trabalho porque foi aniversário de um colega e ele levou bolo. Ou que o seu chefe disse que você fez tudo certinho. Você também pode falar que fez uma coisa errada no trabalho, mas que foi sem querer, que já pediu desculpas e agora precisa pensar em como consertar o erro. Pode falar, também, que a sua colega de trabalho está esperando nenê e que ela está superfeliz comprando um montão de coisas de nenê. Ou então que ela passou mal, vomitou e precisou ir para o hospital.

E escute com calma, atenção e carinho quando o seu filho falar, quase chorando, que a professora o colocou de castigo, mas que não foi ele que pegou a borracha da coleguinha. Ouça-o e ponto final. Às vezes você nem precisa falar nada, apenas abra espaço para que ele desabafe. E a professora pode mesmo ter se enganado. Ela é humana, isso acontece.

Preste atenção na empolgação do seu filho contando que ele está quase completando o álbum de figurinhas e que, se conseguir completar logo, será a primeira criança da turma com o álbum completo. Muitas vezes isso não é indicativo de problema, de egoísmo ou narcisismo etc., mas só o prazer de sair na frente dos outros de vez em quando. E qual o grande problema nisso? Eu, por exemplo, quando tenho uma ideia que julgo ser genial, trato logo de concretizá-la antes que alguém o faça primeiro. Apenas porque sim e pronto. Nem tudo é problema. Há pessoas que problematizam qualquer situação. Eu tento ser mais simples, mais concreta.

Enfim... Quando conversar com o seu filho, ouça-o com a

mesma seriedade que você gostaria com que seu pai, idoso, com os problemas dele, o ouvisse também.

MURAL DE FOTOS

É muito simples: tenha um mural de fotos em casa para deixar os melhores momentos expostos a todos que visitarem vocês. Pode ser um mural simples, no escritório ou no corredor que vai para os quartos. Até a geladeira serve como mural! Basta usar os ímãs para segurar as fotos.

Tenho certeza de que, quando vocês receberem visitas, os seus filhos irão mostrar as fotos a elas com muito orgulho e satisfação pelos momentos vividos em família! Não é tão difícil colocar em prática essas sugestões.

Então deixe de preguiça e mãos à obra: estreite a sua relação com os seus filhos enquanto dá tempo!

Escolha uma das ideias sugeridas aqui para aplicá-la hoje:

Escolha uma das ideias sugeridas aqui para aplicá-la no próximo fim de semana:

Escolha uma das ideias sugeridas aqui para aplicá-la até o final do mês:

Cumpra as suas metas e observe as reações dos seus filhos.

TV, *VIDEO GAME* E SHOPPING

H á quem diga que televisão é a pior coisa para as crianças. Pois eu digo que não é, não.

Hoje em dia, há diversos programas educativos, superinteressantes, voltados para crianças, com temas que envolvem artes, culinária, atividade física, brincadeiras ao ar livre, alfabetização, jogos que desenvolvem o raciocínio lógico etc. Basta ficar atento às programações e estimular o seu filho a assistir a esses canais.

Tenho vários pacientes que me contam superorgulhosos que aprenderam a falar algumas palavras em espanhol ou que aprenderam receitas novas em um programa na televisão. Tenho uma paciente de 7 anos que diz que será *chef* de cozinha quando crescer. Dou o meu apoio e ponto final. Além disso, falar assim é muito saudável, afinal, ela realmente pode se tornar uma grande mestre-cuca.

Além dessas questões educativas, a televisão possui um importante papel na socialização infantil. Observe os personagens estampados nos chinelos, camisetas e mochilas não só dos seus filhos, mas de outras crianças também. Trata-se de um meio de comunicação implícito sobre pertencer a um grupo. Sobre saber o que está na moda, o que é atual. E isso é necessário, afinal, os tempos mudam e todos precisam se atualizar. As crianças se atualizam trocando os personagens favoritos, comprando o álbum que todo mundo na escola está comprando, fazendo tatuagem de hena no braço, chupando pirulito que deixa a língua azul, pintando as unhas de colorido. Enfim, cada um se atualiza de acordo com a sua idade e com a sua tribo.

Isso fica evidente na adolescência, mas começa muito antes dos 13, 15 anos. Inicia-se quando a criança começa a se socializar, geralmente quando ela vai para a escola.

E os pais não podem nem devem querer que os filhos deixem de vestir a roupa do Ben 10, da Hanna Montana ou da trilogia do *Crepúsculo* só porque eles, pais, vestiam Popeye, He-Man e Thundercats. A época mudou e os personagens também.

Além de tudo, sejamos francos: a televisão é um belo "sossego" para os pais quando estão cansados à noite. Eles só precisam estar atentos aos programas a que as crianças assistem.

Isso também ocorre com o *video game*.

É claro que *video game* faz bem para a criança. Além de ser um ótimo divertimento, ajuda (e muito), assim como a televisão, no desenvolvimento do raciocínio lógico, pois, para jogar qualquer jogo, é preciso desenvolver estratégias. Além disso, esses jogos que hoje em dia funcionam em 3D ajudam bastante no desenvolvimento da noção espacial.

A falha dos pais em relação à televisão e ao *video game* (ou jogos de computador) está em não estipular um limite de tempo diário para os filhos.

É preciso estar atento a algumas outras condições: que a criança tenha uma boa alimentação, momentos de lazer em ambientes abertos, prática de atividade física e socialização com outras crianças, brincadeiras que não sejam eletrônicas, tarefa da escola cumprida e não ir para a cama muito tarde são as principais delas.

Se a criança estiver em equilíbrio quanto a esses quesitos, não haverá problema algum se ela se divertir eletronicamente também.

Não terei a hipocrisia de dizer que o ideal é permitir que o filho jogue trinta minutos de *video game* por dia. Quem já jogou *video game* sabe que após meia hora é que o jogador começa a pegar o jeito do jogo. Tudo depende muito dos compromissos e obrigações que a criança tem em cada dia da semana.

Se o seu filho estiver em dia com todas as tarefas da escola e, tendo em vista a recomendação de uma hora diária, de acordo com a Academia Americana de Pediatria, penso que não há razão para não flexibilizar um tempo a mais (média de trinta minutos) para que o seu filho possa se divertir e desenvolver suas habilidades nos jogos.

Também não adianta nada os pais diminuírem o tempo da criança ao *video game* se ela não tem mais o que fazer. Questão de bom senso!

O shopping.

Ah... O shopping.

Pai e mãe precisam entender que shopping não educa.

O shopping é uma grande tentação em diversos aspectos: lojas que vendem bugigangas espalhadas em todos os corredores, bem ao lado de quiosques que vendem porcarias para comer. As grandes lojas de brinquedos, os centros de divertimento infantil, as redes de *fast-food* com os brinquedinhos que as crianças adoram colecionar e os olhares dos desconhecidos.

Pais que trabalham muito se iludem com a premissa de que, enchendo constantemente seus filhos de novos presentes, estarão suprindo a ausência no dia a dia. Enganam-se assim, pois presente não substitui presença.

Alguns shoppings possuem centros de cuidados para crianças pequenas. Geralmente oferecem um ótimo serviço, com muitos atrativos e profissionais bem treinados. Esses centros são ótimos para se deixar os filhos pequenos, de até 6 ou 8 anos de idade, no máximo. Os mais velhos costumam ficar entediados com a proposta. Aliás, olhe aí uma ideia: um centro de diversão voltado para crianças mais velhas. No mesmo esquema que o centro para crianças menores: lugar fechado com profissionais vistoriando e auxiliando em tudo.

É incrível como gente estranha gosta de se intrometer em nossas vidas! Ficam olhando o que fazemos, comentam nossos comportamentos, lançam um olhar de aprovação ou desaprovação quanto ao que cada um faz com o próprio filho.

Passeio no shopping é um verdadeiro teste para os pais, para ver o quanto eles são leais e firmes aos seus princípios e regras, mesmo em meio a tantos olhos e tentações.

Como eu costumo dizer, shopping é uma enorme caixa de ar condicionado que tem, em um só lugar, tudo o de que você precisa. O problema é que tem, também, tudo o de que você não precisa. E é o lugar perfeito para a criança fazer aquela manha ou aquele escândalo para conseguir o que quer; afinal, ninguém gosta de passar vergonha em público.

Shopping é o lugar perfeito para observarmos... a criança-mutante.

A CRIANÇA-MUTANTE

Mutantes são seres que sofrem mutações genéticas. Alguns têm superpoderes, outros não. Comparo os mutantes ao comportamento de algumas crianças.

Sábado à tarde. Shopping. Passeio calmamente pelos largos corredores contemplando as vitrines que me interessam quando, de repente, no meio de todo aquele murmurinho de pessoas falando e do tilintar dos talheres, escuto um berro estrondoso. Às vezes grave, às vezes agudo. Mas sempre prolongado e em altíssimo volume. São as crianças-mutantes.

"Vai saber o que aconteceu", penso eu. "Provavelmente os pais disseram 'não' e ela se jogou no chão ou fez algo semelhante."

Não sei de onde surge o potencial sonoro que as crianças-mutantes têm. É algo de se admirar. Seus gritos ecoam pelos corredores; todas as pessoas param de viver a sua vida e ficam em estado de choque olhando para as crianças-mutantes e seus pais, os *aliens*.

As crianças-mutantes parecem criar garras no piso dos shoppings, pois nada as tira dali. Quando resolvem ficar paradas em um determinado lugar, só arrancando o piso para poder levá-las embora. Eu sempre procuro rachaduras pelo chão, como aquelas que vemos nos filmes de terremoto, mas até hoje não encontrei nada.

As crianças-mutantes mudam de cor. Ficam vermelhas, igualzinho ao que vemos nos desenhos animados.

A minha condição humana não me permite enxergar, mas

eu sei que sempre sai fumaça das orelhas e das cabeças das crianças-mutantes. Pelo menos é a única explicação que eu tenho para compreender a alta temperatura que elas podem alcançar. Já tive várias oportunidades para encostar em crianças-mutantes. Aliás, é preciso ter preparo psicológico para tocá-las, além de uma boa noção de defesa pessoal. É necessário ter bons reflexos para conseguir evitar prováveis ataques corporais.

Os cabelos e roupas das crianças-mutantes rapidamente ficam encharcados. O que será aquele líquido que elas expelem? Penso que seja suor, mas é bom tomar cuidado. E se for veneno?

As crianças-mutantes, quando não atendidas prontamente, começam a apresentar os primeiros sinais da mutação em poucos segundos: endurecem o corpo, franzem as sobrancelhas, fecham bem a boca, como que tomando impulso para abri-la ao máximo e emitir um som insuportável aos ouvidos humanos. Algumas abrem tanto a boca que sempre penso que seus dentes vão tomar conta do rosto inteiro.

Ah... os dentes. Morro de medo desses. As crianças-mutantes, em meio à transformação, devem sofrer de algum desvio que lhes permite ter um comportamento canino, animal, e, assim, colocam todos sob ameaça com seus dentes ferozes.

Alguns lugares são mais propícios para agrupar crianças-mutantes. São as lojas de brinquedos, os supermercados (com destaque para os corredores de iogurtes e biscoitos), os quiosques, os jogos eletrônicos, a fila do sorvete. Tenho pena dos humanos que trabalham nesses lugares, pois não são treinados a lidar com as crianças-mutantes. Deveriam receber armadura e equipamentos para combater tal espécie extraterrestre.

Locais que recebem muitas crianças-mutantes deveriam ter algo como aquele detector de alarme de peça de roupa, mas para detectar criança-mutante. Algo que gerasse uma foto e uma gravação para que todo o shopping pudesse ouvir o sinal, ver a imagem e fechar as suas portas rapidamente: "Atenção! Cuidado! Criança-mutante presente! Criança-mutante presente!".

Algumas se debatem no chão, andam olhando com ódio nos olhos dos humanos, saem correndo, derrubando tudo, atropelando a todos, causando danos e destruição. Penso que talvez corram tanto para tentar encontrar a sua nave espacial. Enfim, possuem um padrão de comportamento absurdamente alienígena.

Até que vejo seus pais, os *aliens*. É quando consigo começar a compreender o sistema interno alienígena. Funciona assim: já no início da transformação, seus pais fingem não perceber os sinais iniciais de mutação. Falam calmamente com o ser mutável como se nada estivesse acontecendo. Os humanos presentes já começam a se afastar, temendo por seu próprio bem-estar.

A mutação logo se manifesta e, mesmo assim, os pais *aliens* conversam com as suas criaturas fofas como se elas ainda estivessem no estado humano.

Finalmente, com todo o alvoroço da mutação, os pais *aliens* resolvem tomar uma providência que dê fim a todo aquele desequilíbrio: atendem aos pedidos das crianças-mutantes.

"Ahan...! Assim, até eu iria querer ser uma mutante!" – concluo eu.

Para que não haja um domínio mundial pelas crianças-mutantes (consta que algumas comunidades já estão tomadas), os pais *aliens* precisam mudar urgentemente a forma de tratar seus lindos mutantezinhos.

Quando os pais dão ao mutante o que ele quer, estão alimentando a mutação. É como ser eternamente chantageado por alguém. A pessoa pede 500 reais para ficar calada e você dá. Depois ela pede 2 mil reais, e você tem que dar, ou ela colocará você em alguma situação problemática. Logo o chantagista lhe pede uma quantia absurda, e você se perde no meio de tanta chantagem. Você sai perdendo duplamente: primeiro, por não ter condições de pagar o que ele está lhe pedindo; segundo, porque ele realmente coloca você em sérios problemas.

O que os pais *aliens* devem fazer é: logo que perceberem os primeiros sinais da mutação, falar claramente com a criança dando-lhe uma chance de controlar a própria mutação, por exemplo: "Não comece. Você não vai conseguir o que quer".

Veja bem. Se as crianças humanas fazem um escândalo quando escutam isso pela primeira vez, imagine, então, quanto o shopping pode tremer quando uma criança-mutante escuta isso.

Ok. O filho é seu. O problema é seu. Ignore os outros. Coloque seu filho no carro e vá embora. Ele perdeu o passeio, ele perdeu o sorvete, ele perdeu o cinema, tudo. E fique em casa com ele; afinal, ele não soube se comportar em público.

Tenha certeza absoluta de que os primeiros surtos sobre-humanos que uma criança-mutante apresenta perante a sua tentativa de impor limites pela primeira vez são muito mais poderosos do que qualquer escândalo feito por ela até então.

Mantenha-se firme e forte em sua postura, pois seu filho é capaz de fazer um escândalo além do anormal para testar a sua nova atitude. Se você aguentar somente meia hora e ceder aos seus delírios, tenha certeza: na próxima vez você terá que aguentar muito mais, pois ele, seu filho-mutante, descobriu o seu limite, mas você não descobriu o dele. Por isso você é um pai ou uma mãe *alien*.

Muitas crianças-mutantes precisam ser contidas até fisicamente, e não há problema algum em contê-las, muito pelo contrário; elas estão, de uma certa forma, pedindo contenção.

É que as crianças-mutantes são, na verdade, crianças-sirene.

A CRIANÇA-SIRENE

Toda criança-mutante carrega dentro de si uma sirene. Aliás, toda criança com problemas carrega dentro de si uma sirene.

São as crianças-mutantes, as crianças com transtornos alimentares (tanto para mais quanto para menos), transtornos do sono, as crianças com problemas de socialização, problemas de comportamento, fobias etc.

As crianças, quando apresentam algum problema, não conseguem se expressar como nós, adultos. Elas não chegam a nós dizendo: "Então... eu refleti um pouco e acho que preciso de ajuda por isso, isso e isso". Se alguns adultos não possuem tal percepção sobre si mesmos, quanto mais as crianças.

As crianças simplesmente possuem uma sirene dentro delas. Aquelas de ambulância, bombeiro e carro de polícia. É como se colocassem uma sirene nas suas cabeças com as luzes coloridas e saíssem correndo, emitindo aquele som que todos conhecemos: "Uuóóómmmm... uuóóómmm... uuóóómmmm...!".

Na verdade, o que a criança-sirene está dizendo é: "Ei! Será que ninguém vai perceber que eu estou com um problema? Eu estou me comportando assim porque não estou bem! Eu não gosto de ter esse problema! Eu não estou feliz assim!! Será que ninguém me enxerga de verdade? Eu preciso de ajudaaaa!!".

Infelizmente, há muito mais crianças-sirene espalhadas por aí do que crianças-mutantes. Isso ocorre porque todas as crianças-mutantes são também crianças-sirene, mas nem todas as crianças-sirene são crianças-mutantes.

Existe uma vantagem em ser pai ou mãe de uma criança-mutante, pois a criança-mutante é transparente, deixando claro a todos que está com algum problema por meio de sua sirene alienígena.

No entanto, muitas crianças-sirene não se comportam de forma alienígena. Muitas se isolam socialmente, muitas compensam na comida ou na masturbação, muitas apresentam sérias dificuldades de aprendizagem, desenvolvem transtornos da fala, do sono, voltam a fazer xixi na cama ou desenvolvem os mais diferentes tipos de fobias; enfim, cada criança-sirene emite um sinal aos adultos para mostrar que está com problemas. Por isso ela é uma criança-sirene.

O problema maior é que muitos desses adultos não querem aceitar a sirene mostrada por seus filhos. A grande maioria dos pais até consegue enxergar o problema; afinal, se não tem deficiência visual ou auditiva, você ouve e enxerga uma sirene a uma grande distância. No entanto, o que muitos pais não conseguem é aceitar que seus filhos estejam carregando uma sirene dentro de si mesmos. E aí a coisa complica.

O que acontece se você está dirigindo, ouve a sirene de uma ambulância se aproximando, enxerga pelo retrovisor que ela quer passar no meio dos carros, mas você não sobe na calçada com o seu carro para que ela passe? O que acontece? Alguém pode morrer.

O que acontece se você está dirigindo e não permite que uma viatura da polícia, com a sirene ligada, passe rapidamente? Alguém vai escapar e vai matar novamente.

O que acontece se você não sair de um prédio que estiver pegando fogo e o alarme estiver soando? Você, provavelmente, vai morrer.

Os adultos andam com as próprias pernas e, muitas vezes, precisam das pernas dos outros como auxílio, como muletas.

As crianças, até amadurecerem, sempre precisam das pernas dos adultos para auxiliá-las. Mas, muitas vezes, elas morrem, pois os adultos se recusam a auxiliá-las.

Morrem usando drogas, morrem na prostituição. Morrem caindo pelas janelas sem proteção. Morrem mentalmente devido ao fracasso escolar obtido. Morrem envolvendo-se com pessoas desonestas. Morrem casando-se com pessoas que não as farão felizes. Morrem de muitas maneiras.

Sobretudo, morrem adultas, com a alma dilacerada porque nunca ninguém deu ouvidos à sirene que elas emitiam insistentemente quando crianças.

Relate alguma situação em que o seu filho se comporta ou se comportou como uma criança-mutante, mesmo se foi um fato isolado.

O que você fez?

O que você pensa que deveria ter feito para conter o seu filho?

Agora, pense com muita calma se o seu filho está com a sirene ligada, disparando um sinal de pedido de socorro a você. Tente perceber qualquer sinal sutil de problema e anote aqui.

O que você pode fazer para ajudá-lo?

O PENSAMENTO INFANTIL

Para que haja a total compreensão da aplicabilidade dos castigos é preciso compreender, primeiro, um pouco sobre o desenvolvimento cognitivo infantil.

Todos já ouviram falar muitas vezes sobre o egocentrismo, o ego inflado, uma pessoa egoica. Mas o que é o ego? O ego, conforme o austríaco Sigmund Freud, o famoso pai da psicanálise, é a parte do nosso psíquico que tenta sempre atender as nossas exigências e desejos. Daí chamar de egoísta uma pessoa que não consegue se colocar no lugar da outra. O ego é muito forte quando nascemos, pois, quando bebês, somos dominados pelos instintos da sobrevivência, do aqui e agora, necessitando ter as nossas exigências saciadas concretamente.

A convivência com outras pessoas faz com que o egocentrismo da criança diminua em razão das regras e pressões sociais.

O suíço Jean Piaget, um dos mais famosos e respeitados estudiosos do desenvolvimento infantil do século XX, desenvolveu a teoria de que o modo de a criança pensar muda com o tempo, conforme ela cresce. Piaget dizia que, na fase pré-operacional (2 a 7 anos de idade), a criança continua muito egocêntrica e presa às suas ações concretas. O pensamento infantil nessa idade ainda não compreende o significado dos conceitos abstratos. Isso explica a necessidade de a criança ter que passar pelas experiências para depois, com o concreto vivenciado, perceber se foi boa ou ruim, se gostou ou se não gostou.

No estágio entre 2 e 7 anos, a criança tem as regras como verdades permanentes, e o que seus pais dizem a ela sobre o mundo tem uma importância de verdade absoluta; por isso muitas delas dizem: "É verdade, porque a minha mãe disse que é assim".

John Gray, especialista em comunicação, relacionamento e crescimento pessoal, chega a afirmar que uma pessoa só consegue compreender o pensamento abstrato na sua totalidade após os 13 anos de idade.

Lembro-me bem de um dia em que eu estava brincando em casa na sala de estar, debaixo do banco de vime, enquanto meus avós conversavam com os meus tios bem ao meu lado. Eu estava concentrada na brincadeira até o momento em que ouvi: "Então, agora, eu vou trabalhar na instituição privada". Imediatamente eu saí de baixo do banco, olhei para todos e perguntei: "O tio Bau vai trabalhar na privada?".

Isso ocorre por causa do que Piaget chama de realismo moral, o que faz com que as crianças levem tudo ao pé da letra, por isso fica difícil explicar filosoficamente muitas situações a elas.

Interagindo com outras pessoas, a criança sai do realismo moral e passa para a relatividade moral, como o próprio radical da palavra diz: relativo. Ou seja, a criança começa a ser capaz de se colocar no lugar do outro e enxergar as situações de acordo com os pontos de vista alheios, levando em conta a intenção de cada um dentro de cada contexto específico.

Obviamente, os fatores ambientais podem acelerar ou retardar o desenvolvimento cognitivo da criança, mas é como passar de fase no *video game*: não há como evoluir sem ter passado primeiro pelo estágio anterior.

Bruno Bettelheim dizia que, infelizmente, muitos pais querem que seus filhos pensem como eles, o que não é possível, pois apenas na idade adulta somos capazes de compreender o significado da nossa própria existência.

Privar o filho de passar pelo processo natural das suas crenças mágicas e do seu pensamento 100% concreto causa uma deficiência na experiência de vida. É uma lacuna não vivida que fica instalada. É como pegar um atalho da fase 1 e chegar à fase 3. Com isso, muitas crianças se tornam adultos incapazes de lidar com situações rigorosas, e muitos buscam, inconscientemente, tapar tal lacuna na magia proporcionada pelo uso de drogas ou no fanatismo religioso.

Além do mais, se um certo comportamento não é estabelecido adequadamente durante essa faixa etária, a criança pode nunca obter o seu pleno desenvolvimento, e as experiências da criança durante esse período moldam o seu futuro de tal modo que dificilmente ela será suscetível a grandes mudanças.

Apenas filosofar com os filhos (digo filosofar porque o tanto que os pais explicam, explicam e explicam tudo aos filhos atualmente passou mesmo de uma simples e merecedora explicação a um mestrado em filosofia!) não adianta. E por que não?

Veja bem, a novela é sempre igual:

"A Fulaninha de 2 anos fez isso, isso e isso de errado. Eu já expliquei trezentas vezes para ela que não pode por causa disso, disso e daquilo. Na hora, ela pede desculpas e fala que não vai fazer de novo. Mas, quando eu viro para trás, tarde demais, ela já repetiu! Como ela é teimosa e malcriada!".

É tudo muito simples, mas os pais complicam as coisas. E alguns insistem permanentemente em manter tudo complicado. Não são casos de teimosia, mas, sim, de desenvolvimento cognitivo, formação do pensamento, capacidade de abstração. Algo que a criança pequena ainda não tem, pois o pensamento dela gira 100% em torno de experiências concretas e ela precisa da repetição dos acontecimentos para fixar o aprendizado.

Não adianta apenas falar para uma criança com 2 ou 3 anos de idade que não encoste no fogão, porque a vovó colocou um bolo para assar, e a porta do forno pode queimar a mão. Quando a mãe diz: "Não bote a mão no fogão senão você vai queimar a sua mão!", a única coisa que a criança pensa é: "Queimar... queimar... o que é queimar? Tenho que saber o que é isso!". Isso acontece porque a criança dessa idade ainda está na fase de conhecer o mundo por meio de experiências 100% concretas.

O que explica, também, a enorme angústia que muitos pequenos sentem quando a mamãe e o papai os deixam na escola no primeiro dia de aula e dizem: "Pare de chorar, nós vamos voltar mais tarde".

Não adianta. Quanto mais os pais ficarem no portão repetindo para o filho que vão sair e vão voltar, mais longo será o sofrimento da criança. Tem-se que dizer uma vez e... tchau. Sei que muitos pais ficam com o coração partido ao fazerem isso, mas, infelizmente, não há outra solução. Ficar no portão da escola, além de estar invadindo um espaço que pertence primeiramente à criança e de estar tirando a autoridade da instituição escolar e atrapalhar o bom desenvolvimento da rotina de todos, não ajuda em nada. Na maioria dos casos até piora, pois a criança sabe que o pai ou a mãe está logo ali e, então, chora desesperadamente, suplicando pela sua companhia.

Com o passar dos dias, a criança fica mais calma e segura, pois aí, sim, ela já vivenciou o processo de se despedir dos pais no portão da escola, esperar um certo tempo com as professoras e coleguinhas, fazendo as atividades e tomando lanche, para, depois, reencontrar os pais no mesmo portão onde ocorreu a despedida. Com a experiência do concreto, com a repetição do fato, da sequência, ela fica mais segura e passa a não apresentar mais aquele choro de um terrível sentimento de perda e insegurança.

Vejamos outros exemplos de aprendizado concreto.

Eu tinha 1 ano e 6 meses exatos, e minha mãe, Suzana, havia colocado uma caneca de leite quente em cima da mesa. Ela me disse para não mexer ali e se afastou por alguns segundos. Bastou ela se virar para o lado, eu puxei a toalha da mesa. Na sequência, com o meu grito de dor, minha mãe, desesperadamente, arrancou o meu casaquinho de lã, que arrancou a pele queimada do meu braço, e, em meio à dor e ao desespero, fomos eu, meu pai e minha mãe de carro para o hospital. Eu, aos berros, e minha mãe chorando.

Que peninha da minha mãe! Ela disse que quanto mais eu berrava, mais ela chorava. Passei pela dermatologista, pela cirurgiã plástica, e o resultado eu carrego até hoje no braço esquerdo de um modo quase imperceptível. A maioria das pessoas só vê a minha queimadura porque eu digo assim: "Quero ver quem consegue achar uma queimadura em mim!". Até me divirto – hoje. Na época, tenho certeza de que não foi nem um pouco divertido e também tenho certeza de que, se fosse no meu rosto a mancha toda enrugada que quase dá a volta no meu braço, eu não pediria para ninguém brincar de procurar queimadura e aposto que isso teria afetado muito a minha autoestima, principalmente como mulher.

Como criança apronta mesmo, seis meses depois do trauma do leite, enquanto a família arrumava a árvore de Natal, eu, prestes a completar 2 aninhos, estava sentada no chão, admirando as bolinhas vermelhas. Detalhe: na época eram aquelas quebráveis, cortantes. Pois é... Enfiei uma na boca, mordi e, babando vidro, andei até a minha mãe, dei-lhe um cutucão e disse: "Ahn..." Coitada da Suzana! Lá foi ela comigo correndo para o hospital mais uma vez, berrando: "Não engole! Não fecha a boca! Vira a cabeça pra baixo!". O médico disse a ela que, com certeza, eu engolira um bom tanto dos caquinhos e que nem ele sabia como eu não havia feito nem um corte na boca! Penso que talvez tenha sido a proteção do espírito natalino.

Criança saudável apronta o tempo todo. Corre para um lado, corre para o outro, sobe em qualquer lugar impossível de ser escalado aos olhos adultos, joga-se em qualquer espaço com muita água, enfia o dedo em qualquer treco atrativo, entala a cabeça nos lugares mais esquisitos... e voa também. Pelo menos é o que elas pensam.

Por que é que todos os pais que moram em apartamento colocam grades e redes de segurança nas janelas e sacadas? Por que não explicar ao filho pequeno que ele não pode pular, pois pode morrer ou ficar seriamente comprometido? Por que não dá para confiar na sua explicação à criança? Ora, porque o pensamento dela é puramente concreto, ou seja, quando os pais dizem: "Cuidado com a janela! Não pode subir na sacada porque você cai e se machuca, pode até morrer, entendeu?", o filho, na mesma hora, diz: "Entendi!", mas o seu pensamento diz o seguinte a ele:

"Eu tenho a roupa do Homem-Aranha, então é claro que eu consigo andar pelos muros dos edifícios! Sai até fio de teia das minhas mãos, ué!!".

"Eu tenho a capa e a máscara do Batman, então é óbvio que eu consigo pular de um prédio e fazer a minha capa virar um paraquedas!!"

"É só eu colocar a roupa das Meninas Superpoderosas que eu saio voando igualzinho a elas!"

"Na televisão, eles todos voam, descem pelo poste e sobem pelo muro. Eu tenho a roupinha certa pra isso! Então é claro que eu também posso voar!"

E esse pensamento ninguém tira da cabeça da criança. Não adianta ficar repetindo a explicação trezentas vezes por dia para ela. Faz parte do seu desenvolvimento cognitivo. Você, com certeza, também já pensou essas coisas quando era pequeno.

Que pai e mãe seriam loucos a ponto de acreditar que o filho iria obedecer e não pular pela janela? A criança que tivesse tal comportamento estaria negando a própria natureza. É automático!

Nove em cada dez acidentes com crianças acontecem

dentro de casa, sendo que a maioria ocorre na cozinha e no banheiro. O índice é tão grande que a Sociedade Brasileira de Pediatria considera os acidentes domésticos infantis a terceira maior causa de morte infantil no país.

Portanto, família com bom senso coloca tela nas janelas, grade com cadeado na piscina, tampa as tomadas de casa, protege cantos de mesas de vidro, guarda direito as facas e tesouras, atitudes necessárias para precaver os pimpolhos dos riscos de acidentes domésticos a que eles se expõem. Sou contra pais que guardam todos os enfeites, tiram o tapete da sala para a criança não cair e outros exageros. No entanto, alguns cuidados básicos como os citados são essenciais até que a criança adquira mais controle corporal e noção do perigo.

Na televisão, o Tom e o Jerry se quebram inteiros, parecem pecinhas de quebra-cabeça, viram pozinho, perdem todos os dentes, ficam com os olhos esbugalhados e, na cena seguinte, lá estão eles correndo um atrás do outro, inteirinhos novamente. Nos jogos de *video game*, você cai no buraco e ainda tem mais duas vidas. O monstro do mal (o grande chefão) mata você, mas logo você reaparece, podendo continuar a jogada.

Quando alguém morre de verdade, a criança não entende e fica um tempo perguntando sem parar quando ela verá a pessoa novamente. Por exemplo: "A vovó morreu". "Ahn... tá. Quando ela vem aqui de novo? Ela foi na padaria?". Com o passar do tempo, se os adultos param de falar sobre a vovó na frente da criança, é comum que ela vá se esquecendo dela, simplesmente por não a estar vendo mais. Afinal, ver é concreto, é real.

Quando o pai diz: "Não mexa na tomada, menino!", na mesma hora, o moleque enfia o dedão na parede e leva um choque.

Pronto! Depois que a criança realizou a grande descoberta com a experiência concreta, nunca mais colocará o dedo na panela quente ou na tomada.

Por isso é tão comum vermos crianças pequenas colocando

a mão dentro da boca do cachorro ou fazendo carinho no animal enquanto ele está comendo; porque a criança não tem noção de perigo, de realidade, ainda vive à base do ter que experimentar para depois, sim, crer. E, nos desenhos animados, os personagens, por mais que aprontem, sempre acabam inteiros e felizes no final. Bem diferente da vida real.

Devido a esses comportamentos das crianças, os pais nunca confiam em que elas entendam de verdade que não podem fazer isso ou aquilo e ficam em cima, sempre de olho para evitar os acidentes domésticos.

Não se pode confiar na criança quando ela diz: "Ah, tá. Entendi. Pode tirar a grade da piscina que eu prometo que não vou entrar lá sem você". O adulto que dá ouvidos a uma fala como essa e tira a proteção da piscina deveria ser internado por imbecilidade!

Portanto, o mesmo ocorre com a bronca que se dá em casa. Todos os dias escuto os pais me dizendo: "Mas eu já falei com a minha filha! Já perdi a conta de quantas vezes eu expliquei a mesma coisa, e ela não entende!".

Pois é isso mesmo. A criança diz que entende, faz "sim" com a cabeça e até repete cada palavra que os pais dizem. Mas isso é da boca para fora, pois o fato é que ela não entendeu nada, pois, como já dito aqui, ela ainda não tem a real capacidade de compreensão de questões abstratas. A reflexão irá surgir com mais maturidade.

E o tapa? Oras! Da mesma forma que a criança precisa da experiência concreta para aprender a nunca mais mexer no fogão, ou a nunca mais mexer no rabo do cachorro, muitas vezes ela também precisa de uma correção concreta para aprender a se comportar direito e para entender que, quando os pais dizem "não", é "não".

TROCA E CHANTAGEM

Algo que os pais me perguntam com muita frequência é: "Há problema em chantagear o filho?". O que explico é que há diferença entre a chantagem e a troca.

A chantagem é quando simplesmente a mãe diz algo como: "Faça isso, que lhe dou tal coisa"; "Obedeça, que eu levo você em tal passeio", "Fique quieto, tome banho, coma tudo, que eu compro um brinquedo novo". Isso tudo é a mesma coisa que dizer ao filho: "Faça o que eu quero e eu lhe dou o mundo de presente". Isso é chantagem pura.

Já a troca é diferente. O ser humano vive em sociedade sob a condição de troca há muito e muito tempo, desde a época do feudalismo, com suas origens no século V, em que não existia o comércio, e as relações se davam à base de troca de produtos, serviços, proteção.

Não há como viver em sociedade sem que haja a troca. Por exemplo: eu levo a público o meu trabalho e, como troca, você me dá o pagamento por um exemplar; alguém liga e marca uma sessão comigo; então, eu marco a sessão, realizo o meu trabalho fazendo o meu melhor e, em troca, recebo o pagamento combinado pelo serviço. E o cliente que pagou também quer que o seu dinheiro valha a pena, portanto, cabe a mim trabalhar com afinco. Na troca, todos querem sair ganhando. Cada um paga de um modo, mas todos ganham. Por isso se chama troca. O que temos que ter em foco é a realização de trocas justas.

Isso é válido para os pequenos também. É só pensar em um grupo de crianças jogando um jogo de tabuleiro. Chega um momento em que uma delas diz: "Agora troca, é a minha vez!

A gente combinou!". Até as crianças, quando combinam algo, cumprem a sua palavra. O problema está nos adultos que têm receio em honrar o que dizem aos pequenos. Muitos pais têm um monstro dentro da própria mente. É o monstro do receio de perder o amor do filho. Pensam que se forem firmes demais, se causarem tristeza no filho, perderão o seu amor. Filho não deixa de amar pai e mãe à toa, não. Simplesmente porque se trata de um amor incondicional e, além de tudo, natural, esperado. Da mesma forma que o céu é azul. É assim que funciona. E não há teoria que prove ou reprove isso. Algumas questões não têm explicação. Exemplo: todos os dias eu falo ao telefone com a minha mãe. Sempre à noite, pois é o período em que estamos em casa, mais relaxadas. Só que às vezes a danada me liga durante o dia, só para saber se eu estou bem. Simplesmente isso. O que me espanta é que ela faz essas ligações justamente em momentos em que eu estou triste, preocupada, aborrecida. Onde está a explicação para esse sentido materno? Para a intuição feminina? Não há explicação, mas todos nós sabemos que ela existe, pois nós a sentimos e a vivenciamos.

Então não há por que pensar que um filho deixará de amar os pais porque não ganhou o lanche do *fast-food* com o brinquedinho por causa de um mau comportamento.

Se estava combinado que após o almoço na casa da vovó vocês iriam ao cinema, SÓ QUE o seu filho se comportou como um pestinha no almoço, causando a maior turbulência, então será uma ótima lição se você disser a ele: "Escute aqui... nós tínhamos um combinado. Mas você não cumpriu a sua parte. Por que, então, eu vou cumprir a minha? Sendo assim, não tem cinema".

É como comer doce depois do almoço. Como foi dito: DEPOIS do ALMOÇO. Ou seja, para comer doce é necessário primeiro comer o almoço. Se não come o almoço, não tem doce. Muito simples.

Ai, coitadinho!! Coitadinho?! Espere uns cinco anos e você verá quem será o coitadinho, caso você não faça HOJE o seu filho aprender que ele precisa cumprir com os combinados! Quanto mais você demorar, pior será. Coitadinho do filho hoje, "coitadões" dos pais amanhã.

É claro que, uma vez ou outra, não há problema em oferecer um estímulo, como um presente, um mimo, pelo bom comportamento do seu filho. Mas eu disse UMA VEZ OU OUTRA. Quando isso se torna frequente, não vale mais como "uma vez ou outra". E quantas vezes quer dizer "uma vez ou outra"? Mais uma vez vamos usar o nosso bom senso.

Tudo depende da frequência dos fatos. Por exemplo, se o seu filho almoça direitinho todos os dias, comendo arroz, feijão, carne, salada, bebe o suco que foi feito e, em um dia tal, ele diz que quer comer lanche antes de ir para a escola ou que não está muito a fim de comer salada naquele dia, qual é o grande problema? Ele come bem sempre, então, sair da linha, de vez em quando, não é problema nenhum e não entorta ninguém.

Imagine que o seu marido ou a sua esposa tenha um ataque histérico uma vez por semana. Não seria muito frequente? Ou você pensa que isso é normal? Pensemos o seguinte: a pessoa surta um dia, vocês ficam brigados uns dois dias devido ao ocorrido, então a pessoa demora mais um dia para se recompor, vocês mal fazem as pazes e vem outro surto! Ninguém merece, hein?! Imagine que, todo sábado de descanso, durante um passeio, o seu companheiro tem um ataque. Você não iria aguentar – e, se já aguenta, então provavelmente você vive um inferninho na sua relação. Isso também acontece na educação dos filhos.

Outro exemplo comum: se iria tomar sorvete depois da aula, mas, na escola, a professora diz que o seu filho aprontou horrores, então ele não merece mais o sorvete, senão, seria muito fácil para ele ver que a mãe ouviu algo ruim e ainda lhe deu um presente! Assim a criança não aprende a se comportar.

A troca com as crianças é muito válida e poderosa, desde que os adultos façam o combinado ter o seu valor verdadeiro.

Pense bem: você costuma fazer trocas ou chantagens com o seu filho?

Escreva sobre algumas situações em que você faz trocas com o seu filho:

Agora escreva sobre as situações em que você costuma fazer chantagens com ele:

Tente elaborar, agora, um modo de fazer as suas chantagens se tornarem trocas:

Coloque as suas novas ideias em prática e veja o que acontece.

CADA UM TEM O QUE MERECE

Este livro trata de como colocar limites e lidar com as consequências, desde a conversa mais branda até o tapa ardido na bunda. Mas primeiro eu quero fazer alguns levantamentos essenciais e peço que você reflita verdadeiramente sobre isso.

No dia a dia, os adultos em geral estão cada vez mais estressados com essa vida superatribulada, cheia de reuniões e horários para tudo. Muitas vezes, quem paga o preço disso tudo é o marido, a esposa, a mãe, o pai. E muitas vezes são os filhos.

Há um tempo eu mesma, quando estava muito estressada, acabava descontando na minha mãe, que não tinha nada a ver com o que me deixava irritada. Depois de muitas brigas, lágrimas e uma boa dose de arrependimento e vergonha na cara, estabeleci algo comigo mesma para não descontar os meus estresses na minha mãe nem em qualquer outra pessoa. Hoje, quando fico nervosa, fico isolada até a raiva passar. Não atendo ao telefone, não entro em contato com ninguém. É uma questão de simplesmente esperar alguns minutos; o tempo suficiente para eu esfriar a cabeça. E quando sei que à noite vou sair, ou que estarei ocupada, ligo para a minha mãe mais cedo, falamos rapidamente e pronto. Ela também faz isso. Como nós duas estamos sempre na correria, conseguimos nos compreender sem fazer drama algum quando dizemos "Oi, tudo bem? Estou com muita pressa agora e à noite vou sair. Eu estou bem. Falo com você com calma amanhã. Te amo. Beijo, tchau!". Uma compreende a outra e ponto final. Simples e sincero como tem que ser.

As pessoas em geral descontam muito nas outras o estresse que possuem. Às vezes descontam nas pessoas amadas, às vezes brigam no trânsito, às vezes são mal-educadas com o porteiro do prédio. Nós, seres humanos adultos, urbanos, capitalistas, temos uma grande dificuldade para esfriar a cabeça. Então, vamos refletir e mudar a nossa postura. Não vamos mais descontar qualquer coisa em quem não tem nada a ver com a história. Nem no marido, nem na namorada, nem nos pais, nem nos empregados e nem nos filhos. Estes pagam um preço muito alto pelos problemas dos adultos. É mãe e pai que estão com problemas financeiros, mãe e pai com problemas sexuais, até mesmo com problemas de saúde.

Os adultos têm uma tendência a achar que nada disso afeta os filhos. Pensam que eles, pais, podem tratar os filhos como bem entenderem, que eles, os filhos, estarão sempre bem, não sentem nada de mais, não ficam magoados, não prestam atenção, não ficam ressentidos, não ficam abalados. Pois isso é um erro. Tudo afeta os filhos.

Tudo mesmo.

Então, que a mãe e o pai saibam discernir quem merece o quê. Se houve traição, por que descontar no seu filho? Se um colega de trabalho passou a perna em você, por que descontar no seu filho? Se você teve um aborto, por que descontar no seu filho? Se você ganhou um salário menor no último mês, por que descontar no seu filho? Se a sua funcionária falta toda hora, por que descontar no seu filho?

Seja gente grande e resolva os seus problemas com o seu marido, resolva suas questões no ambiente de trabalho, cuide bem da sua saúde e trate de contratar uma funcionária mais leal. O seu filho não tem nada a ver com isso.

Dá para trocar de marido. Dá para trocar de trabalho. Dá para trocar de empregado. Dá até para trocar de amigos. Nenhuma dessas trocas é fácil, muito pelo contrário, todas elas são bem árduas. Mas é impossível trocar de filho.

Portanto, tenha um zelo especial por ele. Por tudo o que ele presencia em casa. E por todos os castigos que ele recebe. Que ele receba castigos, sim. Sempre que merecer. Mas se você der a ele um castigo de forma infantil, como ele vai se espelhar em você para se tornar um adulto maduro?

Escreva aqui todas as vezes que você descontou no seu filho o seu nervosismo com assuntos que não tinham nada a ver com ele durante a última semana.

Escreva situações rotineiras que costumam deixar você em estado de estresse:

O que você pode fazer para que essas situações não atrapalhem o modo como você trata o seu filho?

Anote em um papel, com letras grandes, as ideias que você teve e coloque-o em um lugar para onde você olha várias vezes durante o dia (o espelho do banheiro, a agenda de trabalho, a porta do guarda-roupa) e tente aplicar as novas ideias.

AFINAL, CASTIGOS: QUANDO, COMO E ONDE

Primeiramente, cabe aqui colocar com clareza algumas definições.

A primeira é sobre o poder familiar (pátrio poder), que pela definição é o conjunto de responsabilidades e direitos que envolvem a relação entre pais e filhos. Essencialmente são os deveres de assistência, auxílio e respeito MÚTUO, que se mantêm até os filhos atingirem a maioridade, que pode ser adquirida de várias maneiras e muda conforme a legislação de cada país.

Castigo, pela definição, é: sanção usada para reprimir uma conduta considerada incorreta, podendo ser corporal ou restritiva (que restringe as atividades de que a criança gosta).

Faço questão de ressaltar o "respeito mútuo" citado na definição de "poder familiar". Tanto dos pais para os filhos, quanto dos filhos para os pais.

Hoje em dia, há profissionais pregando que não se pode mais falar em castigo, mas sim, em punição, em consequência, em pôr para pensar... Ora essa! A palavra "castigo" de repente se tornou negativa, tanto que muitos evitam até mesmo pronunciá-la.

Tanto faz o nome que se usa, desde que seja bem aplicado e que gere um efeito positivo, ótimo. Lidar com as consequências é algo bem visto e pregado por diversas abordagens terapêuticas.

Segundo a terapia comportamental de Skinner, só punir não resolve. É necessário mostrar o caminho correto. A punição somente é válida quando há o aprendizado.

Tudo tem um nome certo, e o nome certo do que estamos tratando aqui é castigo. Sem tirar nem pôr letra alguma. E muito menos sem monstrualizar algo que, além de possuir a função de correção e aprendizado, possui também a função de prevenção. Prevenção de um problema maior no futuro. Vamos pensar um pouco. Nós, que somos adultos, trabalhamos, temos nossas responsabilidades, contas a pagar, satisfações a dar etc., somos castigados quando fazemos algo errado. Por exemplo: quem não trabalha direito, perde o emprego. O marido que apronta, leva vassourada da esposa; se bebe e dirige, pode se acidentar, entre muitas outras consequências. Até eu, que sou autônoma, também sofro castigos: se eu der uma palestra ruim, falarão mal de mim; se eu não obtiver sucesso em algum caso clínico, deixo de ser indicada; se não explico bem o sistema do tapa educativo, você, leitor, não indicará meu livro para um amigo. Ou seja, se até gente grande passa por castigos concretos, por que é que gente pequena, ou melhor, "projeto de gente", como eu já disse, não passará também? É loucura proibir que crianças sejam castigadas quando necessitam. Como elas irão saber distinguir o erro se não houver correção?

Vamos falar sobre castigos com muita calma e sabedoria, afinal, do mesmo modo que nem toda criança se queima com leite quente ou morde uma bola de Natal, nem toda criança pede um tapa na bunda.

As formas de punições variam conforme o lugar. Por exemplo: se você comete um erro simples no trabalho, o seu chefe chama a sua atenção. Se você repete o erro, ele já fica meio impaciente. Na terceira vez, ele eleva o tom de voz, é grosseiro, às vezes até humilha você na frente dos colegas. E se você apronta uma bem bacana, ele dá meia hora para você juntar as suas coisas e se mandar.

No casamento também. O casal briga, conversa. Quando a conversa não resolve, conversa novamente. Com a reincidência da situação, mais conversa. São milhões e milhões de conversas e brigas até que culmine no divórcio.

Outro exemplo bem comum: se você é pego dirigindo um automóvel sem o documento de porte obrigatório, a multa é de R$ 53,20, e a infração é leve. Se é flagrado falando ao celular enquanto dirige, infração considerada média, a multa é de R$ 85,13. Se passar dos 20% a 50% além da velocidade permitida, é considerado infração grave, e a multa é de R$ 127,69. E, se você dirigir o seu carro com a carteira de habilitação cassada, a infração é gravíssima, e a multa é de R$ 957,70. Os castigos com as crianças também funcionam assim. Tenhamos bom senso: se o seu filho joga no chão o brinquedo do irmãozinho e você já lasca um tapa na poupança dele, o que você vai fazer quando ele gritar ou xingar você? É preciso ter parâmetros, para não esgotar todas as suas possibilidades logo ao acordar.

Harry Bakwin, famoso pediatra norte-americano, já dizia que as crianças têm, sim, direitos e privilégios, bem como deveres e responsabilidades. E que a educação dada a elas deve encorajar a expressão de seus sentimentos e pensamentos, favorecer a conformação diante das limitações da realidade, além de envolver uma obediência ante uma justa autoridade.

A criança que apanha à toa perde a noção da seriedade dos seus atos. É necessário que ela tenha uma punição leve para atos leves, bem como punição grave para atos graves. Atenção: punir o seu filho não quer dizer humilhá-lo. Depreciar a criança com insultos ou menosprezando a sua capacidade é um erro gravíssimo que terá influência na relação de vocês lá na frente, quando o seu filho se tornar um adulto, além de colaborar para que ele desenvolva uma baixa autoestima.

Tenha sempre em mente que cabe a você, e somente a você, cuidar do seu rebanho. Tenha as suas táticas preparadas para cada situação. Se nunca refletir sobre as situações que ocorrem, você não terá condições de estar devidamente preparado durante as ocorrências seguintes; sempre será pego de surpresa. Então, primeiro, crie o hábito de refletir e anotar as suas dificuldades como pai, como mãe.

No final do livro, há um capítulo com as perguntas mais frequentes que os pais me fazem no consultório. Tenho certeza de que você vai se enxergar em muitas das situações citadas e poderá adaptar as orientações que dou à situação que lhe é comum. Confie em seu bom senso.

Para infrações leves, basta dar uma bronca na criança e deixá-la uns minutos de castigo. Mas, veja bem, em momento de repreensão, não adianta falar com docilidade com o seu filho. Se errou, ele precisa levar bronca, precisa que você fale com um tom mais firme e seco do que costuma falar normalmente quando tudo está bem. Por acaso você fala bem mansinho com alguém que lhe aprontou uma boa?

Exemplo: quando a sua funcionária mancha uma blusa cara novinha que você disse claramente que era para ser lavada separadamente das demais, você diz: "Queridinha da patroa, não fique chateada com o que vou lhe dizer, mas eu peço a você que tenha mais cuidado na próxima vez com a minha roupa, ok?! Você é inteligente e sei que vai prestar mais atenção". Ou você diz: "Fulana, posso saber por que você não seguiu a minha orientação?".

Da mesma forma que o seu chefe não lhe chama a atenção com muita "cara de amizade" e como você também não corrige a sua funcionária como se ela fosse inocente, suponho que você esteja ciente de que, quando o seu filho merece e precisa de uma bronca bem dada, é para dar a bronca e pronto, e não falar com ele como se estivesse cantando uma canção de ninar. Não estou dizendo que é para perder o equilíbrio e exagerar, gritando descompensadamente, mas bronca é bronca! Pode fechar a cara e falar em alto e bom tom, sim, senhor!!

Um pai que chama a atenção do próprio filho agachando-se para ficar na sua altura, falando baixinho, acariciando seu rosto, com expressão angelical, faz pior do que um pai que exagera (dentro dos padrões que não violam a integridade do ser humano), pois, além de não colocar limites adequadamente ao filho, deixa a criança confusa sobre o que se passou. É como quando falamos que odiamos chocolate, mas enchemos o carrinho do supermercado de caixas de bombons. Ou seja, pura ambiguidade, e ambiguidade causa caos interno, mental e emocional.

A criança recebe a seguinte mensagem: "Se o meu pai e a minha mãe não são claros na mensagem que passam a mim, então quando estou certo e quando estou errado? Não entendi nada". É essa a mensagem que um pai ambíguo passa a seu filho. A mensagem do caos.

As crianças pedem limites. Pedem, precisam e se sentem seguras tendo um adulto ao lado delas que sabe quais são os limites devidos.

Há crianças mais comportadas, crianças mais rebeldes, mais desafiadoras, crianças mais recatadas, outras extrovertidas em excesso, umas mais isoladas, outras que se expõem muito, tímidas, comunicativas, crianças com as mais diversas características.

Algumas crianças, quando erram, escutam atentamente a chamada dos pais, aceitam e comportam-se melhor. Algumas não. E o que eu abordo agora é o que fazer e como agir com as crianças que não colaboram de pronto ou que testam os pais demasiadamente.

E se a criança fez sem querer? Oras... é simples: quebrou, estragou, tem que pagar. Que seja com a mesada ou com o dinheiro do cofrinho, mas ela tem que sentir, tem que perceber que é ela quem está de fato repondo o prejuízo que causou.

Em caso de ferir outra pessoa, a criança deve ser levada a cuidar do machucado alheio, lavando calmamente a ferida com água e sabão, passando a pomada, colocando um esparadrapo etc. Caso o ferido tenha que ir ao hospital, que a criança agressora vá junto e acompanhe tudo de perto, para que, assim, possa ter noção do que causou. Pode parecer tratamento de choque, mas é necessário que ela veja com os próprios olhos todo o mal que causou ao outro. Ficar em casa no sofá comendo salgadinho enquanto o ferido não chega é muito fácil. Aliás, sou a favor de que algumas crianças passem por certas experiências mais fortes. Uma vez levei um paciente para fazer uma doação em uma favela, pois era insuportável quanto ele desvalorizava os seus pais financeiramente. Deu uma boa melhorada.

Levar os filhos a orfanatos para fazer doações, observar a quantidade de camas em cada quarto, entre outros detalhes, faz um bem muito grande à criança, para dar valor ao que ela tem dentro de casa. Além de que é uma boa oportunidade para ensiná-la a exercer a solidariedade.

Fundamental: independente da idade da criança, o ideal é que o castigo seja aplicado na hora em que o ato ocorre.

No entanto, há situações que desfavorecem a ação momentânea dos pais. São situações como um almoço na casa da sogra, uma festa de aniversário, um passeio em público etc. Tais situações desfavorecem os pais por expor todos os envolvidos a pessoas estranhas e, muitas vezes, por ter a participação contrária de parentes que não respeitam a decisão dos pais da criança e, além de tudo, por estragar momentos de descanso e diversão dos pais e demais presentes.

Na maioria das vezes, as crianças cometem atos mais abusivos nesses ambientes do que dentro de casa. Isso ocorre porque elas sabem que os pais se comportarão de modo diferente por não estarem em casa, então elas pintam e bordam.

Quando isso ocorre, oriento os pais para que, quando possível, chamem o filho a um cantinho, levem-no ao banheiro do local ou a outro ambiente com mais privacidade e apliquem a punição, seja ela qual for. Quando não for possível ir a outro ambiente, então que os pais digam ao filho algo como:

"Eu estou de olho em você e você está pensando que vai se safar dessa só porque não estamos em casa. Eu não vou deixar que você estrague o meu passeio. Mas, assim que nós entrarmos no carro (ou em casa), nós vamos resolver isso". Geralmente a criança melhora o comportamento, pois saberá o que a aguarda mais tarde. Tudo depende do quanto ela acredita em seus pais. E o quanto ela acredita em seus pais depende do simples fato do quanto eles cumprem o que dizem ou não.

É importante que as crianças tenham a chance de reconsiderar o erro, de repensar suas ações, de se desculpar antes do castigo imposto. Por dois motivos: primeiro porque é muito saudável psicologicamente que ela possa rever o que fez de errado e pensar: "Epa! Isso não é legal. Não vou mais fazer". E segundo, já pensou que sofrimento ter que aplicar castigos o dia todo no seu filho?! Viver sendo castigado o tempo todo também não deve ser nada bom.

Os pais devem ter sabedoria para relevar as besteirinhas cometidas. O que é uma besteirinha? Funciona da mesma forma que os costumes. Besteirinha é besteirinha, de acordo com o que cada família julga como besteirinha. Mas há um consenso social geral, por exemplo: alguns pais ficam muito incomodados quando o filho sai correndo em uma festa de aniversário e, sem querer, derruba uma cadeira, ou, ao cantar o "Parabéns", pega um brigadeiro antes da hora. Ele derrubou apenas uma cadeira, e não todas elas. E foi sem querer! Não vá interromper a brincadeira dele por causa disso. Você viu a cadeira caída, pegue-a e coloque-a no lugar. E, sobre o brigadeiro... Você nunca fez isso? É muito diferente do que se ele pegasse todos os brigadeiros só para ele ou cuspisse no bolo do aniversariante.

Prosseguindo: o famoso "pôr para pensar" não funciona como deveria porque os pais, em geral, aplicam mal essa estratégia, mas, quando bem aplicada, é um ótimo recurso de correção.

Primeiro ponto: nós só colocamos para pensar quem já tem capacidade para isso, certo? Só colocamos para pensar quem de fato já raciocina, já consegue refletir.

O detalhe importante é que criança de 2 anos não pensa a ponto de poder ficar de castigo. Exatamente! Não se choque! Uma criança de 2 anos tem capacidade para obedecer (tanto que faz aquele olhar de culpada quando faz algo que sabia muito bem que não deveria fazer) e para ficar parada (quando fica) porque alguém lhe deu ordem para isso. O que não quer dizer que ela esteja de fato refletindo. Uma criança de 2 anos diz "desculpe" e "não vou fazer mais" como um gravador, o que não quer dizer que esteja arrependida e que não irá cometer novamente o ato em questão. Uma criança de 2 anos não tem pensamentos abstratos! Releia o capítulo "O pensamento infantil".

Uma criança de 2 anos não se arrepende abstratamente. Ela se arrepende, sim, concretamente, como quando teima com a mãe e queima o dedo na panela quente, por exemplo.

"Ah... Discordo totalmente, pois o meu filho, outro dia, viu o vizinho brigar com o porteiro e ficou superassustado, atrás das minhas pernas".

Tenha certeza: o seu filho é um ótimo observador. As crianças são todas ótimas observadoras. Captam tudo ao seu redor.

Outro ponto que os pais precisam rever é onde colocar a criança para pensar. É muito simples: em qualquer lugar sem graça, sem muita distração e sem brincadeiras, obviamente. Exemplo: no sofá da sala, com a TV desligada, ou sentada no chão do corredor de casa; enfim, um lugar mais neutro e seguro, obviamente.

Os pais têm o costume de dizer para o filho: "Já pro quarto!". Por favor (é agora que a maioria dos pais vai franzir o rosto todo e pensar: "Xii... já fiz isso!!"), quarto não é lugar de castigo! O quarto da gente é o cantinho mais especial da casa. É o cantinho do prazer, das coisas fofas, dos nossos segredinhos e mimos especiais. Não dá para ficar de castigo no quarto, ora essa! Também não há necessidade de se estabelecer um canto fixo para o castigo. Não é preciso passar à criança a ideia de que determinado lugar da casa é o lugar das coisas ruins, do castigo. Mas, por favor, pais: no quarto, não!

Próximo ponto: por quanto tempo colocar o filho para pensar?

Veja bem, há profissionais que dizem que o castigo deve durar um minuto para cada ano vivido pela criança, por exemplo, cinco minutos para uma criança de 5 anos, oito minutos para uma de 8 anos. Mas não é necessário ficar cronometrando minutos exatos no relógio. Quando o "ficar pensando" passa dos dez minutos, a criança começa a ficar entediada, irritada e até esquece o porquê de estar ali.

E o tempo mínimo? Depende de cada criança: se o seu filho não aguenta nem ficar sentado no chão, se ele ficar "pensando" 30 segundos já é considerado um progresso. E grande! Aos poucos, os pais devem aumentar o tempo de tolerância, até para dar mais tempo para que ele realmente pense no que fez de errado, o que é de extrema importância para rever os próprios atos. Até nós, adultos, precisamos desses minutos, às vezes.

E a etapa final desse tipo de castigo é: quando o tempo terminar, nunca dizer ao filho: "Pode sair!" ou "Vem, vamos para o shopping! Você merece um presente porque pensou quietinho bonitinho!" ou "Vamos ao parquinho". Jamais! Os pais que fazem isso jogam pelo ralo todo o esforço para que a criança ficasse pensando um pouco. Após o tempo do pensar, os pais devem deixar a criança sozinha, fazendo coisas à toa pela casa, nada extravagante. O certo é que se mantenham um pouco frios, distantes, com neutralidade, para que a criança perceba que o que ela faz afeta o ambiente em que vive. E aí, sim, ela cresce.

As crianças sabem quais são as respostas que os adultos querem ouvir. Portanto, não espere que crianças entre 3 e 5 anos digam muitas frases além de: "Eu sei que eu errei", "prometo não fazer mais", "desculpe", pois é o que os adultos querem ouvir.

Os pais devem chegar até o filho e perguntar: "Pensou? Em que pensou?". E ouvir o que a criança tem a dizer. É muito importante ter sabedoria para valorizar os pequenos esforços da criança. Se o seu filho é do tipo que nunca reconhece o erro e disser bem baixinho: "Desculpa" ou "Não vou fazer mais" ou "Eu errei", considere como um enorme progresso.

Mas, se o seu filho não tem muita dificuldade em assumir os erros e pedir desculpas, então, espere que ele possa elaborar algo mais além de um simples "Desculpe, não vou fazer mais". Pergunte a ele: "Por que você fez isso?" ou então: "Que tipo de menino faz isso: menino do mal ou menino do bem?". E espere uma resposta mais elaborada. Aos poucos vá exigindo que ele dê respostas mais profundas. Mas não deixe que as respostas dele se tornem robotizadas, perdendo, portanto, o seu real valor.

Não só os pais, mas os professores e até mesmo muitos terapeutas têm uma enorme dificuldade em esperar. "Ah... esperar quanto?!" Ora... espere. Simplesmente espere. Diga com calma à criança que você está esperando que ela responda ao que você lhe perguntou e... espere. Pacientemente. Sem cara de cobrança. Sem suspiro impaciente. Sem ficar olhando no relógio. Olhando para ela. Com calma. Espere, e a resposta virá. Eu garanto.

Comece a treinar desde já o ato de esperar com calma, controlando a própria respiração. Tente ficar um minuto em silêncio e em estado de tranquilidade. Faça isso agora.

Pausa de um minuto.

Foi difícil? Perceba como isso afetou você. Se correu tudo bem ou se você precisou fazer um grande esforço para não levantar e sair correndo, gritando, ou até mesmo se pensou: "Eu não vou fazer esse exercício coisa nenhuma!". Enfim, reflita sobre a sua dificuldade.

É importante ressaltar: perguntar à criança se ela é do mal ou do bem nada mais é do que falar a língua dela, que é a língua dos contos de fadas e dos desenhos animados. Quando a criança se imagina sendo do mal, como alguns personagens da televisão, ela começa a compreender que o que ela faz não é muito bacana.

Algo importante também é: depois que a criança cumpriu o castigo, os pais não devem ficar relembrando a toda hora o que se passou. Ela já cumpriu a pena. Assunto encerrado. Quando ela aprontar novamente, novo castigo, e daí, sim, deve-se lembrá-la da reincidência, mas fazer tortura psicológica para que ela se sinta mal não é uma postura adequada, pois, com isso, o filho sente que de nada valeu ter cumprido o castigo. Ele precisa sair do castigo com a sensação de ter arcado com as consequências merecidas e também com a sensação de ter sido perdoado.

Ok. Esse foi o primeiro tipo de castigo e o mais leve também. Quando funciona, ótimo. Para por aqui. Quando não funciona... plano B!

O plano B.

Prive seu filho de algo de que ele goste. Pode ser o *video game*, a televisão, o computador, a boneca, o jogo novo que ele adorou. Mas atenção: é importante que seja algo de que a criança goste. Alguma coisa que ela gosta de comer também vale. Por exemplo: tire o salgadinho, a batatinha, o chocolate, o *fast-food* com brinquedos, mas nunca diga assim para o seu filho: "Fulaninho, como castigo, você irá ficar sem brócolis!".

A única criança que eu conheço que gosta de brócolis é aquele menino da propaganda: "Mããããeee!!! Eu quero brócolis, eu quero brócolis!!".

Às vezes o que mais faz efeito em um castigo é a proibição de alguma atividade de que a criança goste muito, por exemplo, brincar com os amigos ou primos. Mas atenção: cuidado com o impossível, pois é nessa hora que muitos pais ditam castigos absurdamente ridículos e impossíveis de serem cumpridos:

"Pois agora eu vou dar o seu tênis importado para o menino que mora na rua!!"

"Você nunca mais vai jogar essa porcaria de *video game*!"

"Você não vai à festa de aniversário da sua irmã amanhã!"

"Vou falar para a sua madrinha escolher outra dama de honra!"

"Vou jogar todos os seus brinquedos na lata de lixo!"

E a melhor de todas:

"O homem do saco vai te levar embora!"

Veja bem: você não vai dar o tênis novinho, que você comprou com o seu dinheiro, para o menino da rua; nunca mais é muito tempo para o seu filho não jogar mais *video game*; o seu filho não só vai à festa da irmã, como estará ao lado dela e de vocês na mesa do bolo; você jamais terá coragem para jogar todos os brinquedos do seu filho na lata de lixo (você pode até conseguir jogar alguns, mas todos é demais! Aliás, seria desequilíbrio mental!); e você jamais aborreceria a madrinha da sua filha pedindo que ela pensasse em outra dama de honra às vésperas do casamento, só porque você é quem não dá conta de domar o seu projeto de gente.

Quanto ao homem do saco... Haha! Sem comentários...

Com essas ameaças tão irreais, o máximo efeito que os pais geralmente conseguem é um choro histérico e desesperador do filho ou uma cara de paisagem, como quem está pensando: "Haha... sei...".

E nenhum desses efeitos traz benefício familiar, pois a histeria é um estado total de desequilíbrio e só é bem-vinda no teatro. Quanto à segunda reação citada, fico muito preocupada quando os filhos não demonstram nenhum abalo com a ameaça feita, pois isso quer dizer que estão dominando totalmente o papai e a mamãe. E isso é um perigo, pois, se eu domino o meu pai e a minha mãe, eu domino o mundo.

Constantemente penso sobre os grandes criminosos de terno e gravata, que desviam dinheiro de quem realmente necessita, sem sentir nem um pouco de remorso. Pessoas que são figuras de poder e roubam doações feitas para centenas de desabrigados, vítimas das catástrofes naturais, como enchentes e terremotos.

Não posso afirmar nada sobre pessoas que não conheço de perto, mas não acredito que pessoas tão corruptas tenham tido uma educação familiar bem estruturada em valores de respeito à hierarquia. É um abuso de poder muito grande. É muita crueldade, mesquinharia e perversão.

Algo que sempre digo aos pais nas palestras que dou em escolas: "Pais, por favor, somente digam aos filhos o que vocês realmente são capazes de cumprir. Essa é a fórmula básica. É melhor impor um castigo pequeno, mas que vocês sejam capazes de cumprir. O cumprimento da palavra de vocês fará do pequeno castigo uma grande lição".

O construtivismo de Piaget percebeu a existência de dois tipos de castigos: a punição expiatória e a punição por reciprocidade. A expiatória impõe à criança um castigo que não tem relação com o ocorrido, por exemplo: ela não almoçou e, como castigo, fica sem ir ao parque. A punição por reciprocidade é a que tem relação com o fato ocorrido. Peguemos o mesmo exemplo: a criança não almoçou e, como castigo, passará fome durante o dia, ou não comerá a sobremesa; algo relacionado à comida.

À medida que vivenciam as experiências, os pais vão percebendo que tipo de castigo funciona melhor com seus filhos.

Muitos pais se queixam a mim de que o filho nem deu importância para o castigo imposto. Acredite: ele deu, sim; porém, ele é um bom ator e está disfarçando muito bem para ver se isso atinge você. Tenha certeza: algumas crianças são tão empenhadas em disfarçar o que pensam e sentem, que merecem ganhar a estatueta do Oscar.

O problema piora quando os pais caem nas armadilhas delas, levando-as à calçada da fama. É quando o ego, que já é grande, infla mais ainda.

Então, por favor, nada de radicalismos e castigos absurdos. Tenho algumas sugestões que, se você ler com atenção, verá que são possíveis de serem cumpridas e podem gerar um grande efeito em seu filho.

"Como castigo, você ficará hoje à noite sem o seu *video game*! E nada de televisão. Pode ficar sentado e bem quietinho!"

"Nós não iremos mais à lanchonete, pois você não está merecendo um passeio tão bacana!"

"Ah... pode falar para a sua amiga que hoje não vai dar mais para vocês se encontrarem!"

É comum a criança perguntar: "E amanhã?". Oriento os pais a responderem: "Amanhã é outro dia, até o amanhã chegar, muita coisa vai acontecer. Amanhã eu vejo o seu comportamento e decido".

Falando assim, os pais criam no filho uma ansiedade positiva no seu processo de bom comportamento, pois ele não conseguiu a certeza de que, no dia seguinte, terá o que quer. O filho entende, então, que terá que fazer por merecer.

Ok. Se o plano B funcionou, ótimo, excelente. Mas se não... O que você vai fazer? Pense bem. Quais são as próximas possibilidades? Você relevou até certo ponto; quando não dava mais, você conversou. Já o colocou para pensar. Já tirou passeios, brinquedos, companhias. E agora? O que resta? Ué... o tapa na bunda!

Se o tapa na bunda aparecesse antes, você ficaria espancando o seu filho o dia inteiro; afinal, criança que nunca apronta nada é sinal de algo errado também.

Muitos pais preferem o grito ao tapa. Xingam a criança, mas recusam-se a dar uma palmada no bumbum. Por condenarem um ato da criança, em vez de recriminarem o ato em si, xingam-na. Por exemplo:

"Você não tem jeito mesmo! Como você é burra! Ai, que menina idiota! Nossa... por que você é tão chata? Só faz coisa errada!", quando um simples: "Não pode desenhar na parede!", por exemplo, bastaria.

Mal sabem que as ofensas verbais que as crianças ouvem marcam muito mais do que um tapa ardido no bumbum de vez em quando.

E, quando eu falo sobre o tapa, eu opto por ser bem prática, por ir bem direto ao ponto.

Então, senhoras e senhores, com vocês, o tapa!

Pesquisando as leis sobre castigos físicos em crianças em diversos países, os pontos que mais tiveram destaque foram:

— a polêmica existe em todos os países;
— a palmada é equiparada, por muitos, a uma surra;
— a dificuldade em mensurar um tapa permitido, afinal, não existe um "tapômetro";
— a defesa que há por parte de muitos profissionais no sentido de não bater em crianças menores de 2 anos de idade; alguns falam para não bater em crianças menores de 4 anos de idade, sendo que, como explicado neste livro, trata-se da fase em que a criança ainda possui o pensamento fundamentado em experiências concretas, ou seja, é a época certa para o tapa.

O tapa que é dado em uma criança de 10 anos de idade é dado tardiamente, pois algo não foi feito quando essa criança era menor.

O dado mais próximo do que poderíamos chamar de mensuração do tapa pertence ao Reino Unido, que aprova a palmada que não deixa marcas e ferimentos visíveis no corpo da criança.

Dar uma palmada no filho, quando todas as alternativas não tiverem funcionado, não é o mesmo que agir com abuso de violência. Ninguém concorda com abusos, nem em crianças, nem em adultos. Abusos são sempre inadmissíveis, sejam eles espancamentos, abusos sexuais, ofensas verbais, preconceito racial, religioso, social.

Mas a palmada é, sim, muito necessária, fundamental e, muitas vezes, a única solução em certas situações.

Faço questão de deixar bem claro que sou 100% contra a educação com base no medo. O ponto é que, muitas vezes, os pais já tentaram de tudo e, mesmo assim, os filhos não colaboram, pois pedem mais. Pedem por limites.

E se os pais não derem limites à própria cria, quem dará? O mundo? Talvez sim, talvez não. Se os filhos não aceitam limites vindos dos pais, de quem aceitarão? Do mundo é que não será, afinal, "se os meus donos dizem que eu posso tudo, é porque eu posso tudo mesmo".

Conheço muitas crianças que nunca precisaram levar um tapa sequer. Eu mesma já precisei levar alguns belos tabefes e chineladas. E conheço, também, crianças que precisaram levar inúmeros tapas bem doloridos e, mesmo assim, continuavam testando, desafiando e enfrentando os próprios pais.

Para tudo na vida é preciso ter sabedoria. Isso também vale para o tapa. Por exemplo, quando você escuta aquela vizinha escandalosa gritando mais uma vez, você olha para o seu marido e diz: "Vixe... como ela é histérica! Parece uma louca!". Agora, quando você escuta aquela vizinha silenciosa fazendo um escândalo, você diz: "Vixe... o que será que aconteceu de tão grave?!".

Ou seja, quando algo vira rotina, perde o valor. Então o tapa, como rotina, também perde. No consultório, tenho pacientes que nem ligam para um tapa, pois apanham o dia inteiro à toa. No caso delas, o tapa ficou banalizado, perdeu a função.

Da mesma forma que uma pessoa em estado normal de

equilíbrio não grita à toa, também não se deve bater à toa no filho, pois, além de desnecessário, como já dito, perde o valor. Poucas são as crianças que nunca requerem um tapa na bunda. Elas existem, mas são poucas. Como posso afirmar que são poucas? Ora, tendo visto tudo o que vimos sobre o desenvolvimento cognitivo com base em experiências concretas, a grande maioria das crianças requer uma palmada, nem que seja uma vez na vida.

Se o seu filho lhe obedece e colabora quando você dá uma ordem a ele, ótimo. Sorte a sua. Pois a maioria não é assim. E por que não? Ora, porque eles estão crescendo, começando a ter opiniões próprias, querem reivindicar, mostrar que sabem algo que somente eles sabem, mostrar que são superpoderosos; enfim, é por isso que, até eles se firmarem como gente de verdade, eles testam os pais até a última gota.

Quando temos uma criança cujos pais conversam e nada adianta, é preciso fazer algo mais. Então os pais tiram o *video game* como castigo, por exemplo. Muitas vezes resolve. Muitas vezes não. Novamente é preciso fazer algo mais. Então, os pais proíbem o filho de brincar com os amiguinhos. E adivinhe: às vezes resolve, às vezes não. O que é preciso? Fazer algo mais. O que sobrou? O tapa na bunda, ora essa!

Primeiro: um tapa na bunda é muito diferente de uma surra. E de um cafuné também. Tapa é tapa. Tapa não é espancar, mas também não é tirar poeira com o espanador de penas; por isso é necessário o equilíbrio da força da mão. Uma ardidinha na poupança não é um ato de violência.

Há que se ter sabedoria, pois muitas pessoas não possuem equilíbrio e autocontrole e, em vez de dar uma palmada no filho, quando todas as outras formas de punição já foram colocadas em prática e não obtiveram sucesso, exageram e acabam por espancar seus filhos, em um total ato de violência doméstica.

Portanto, atenção: você está dando um tapa em uma criança, e não em um *pitbull!* Cuidado com a força que usa. Se o seu filho ainda usa fralda, você pode até colocar mais força, pois ele irá chorar com o susto que vai levar, e não pela dor, pois a fralda amortecerá o impacto. No máximo, você pode acertar uns dois dedos logo abaixo da fralda, na parte de trás das coxas. Algumas crianças nem ligam quando apanham, pois não dói nada. Nem ao menos se dão ao trabalho de levantar e sair correndo. Já outras, que sabem que levar umas palmadas dói, saem correndo para se esconder do pai e da mãe.

Segundo: é no bumbum mesmo, nos glúteos, músculos logo acima das coxas e abaixo da cintura, na parte posterior do corpo, onde não há ossos que possam ser danificados. Parece exagero falar sobre quebrar ossos, mas a polêmica toda sobre "dar tapa ou não dar tapa" existe por causa daqueles que não se controlam e exageram na hora da correção, chegando a cometer um ato de violência contra o próprio filho.

Se, na correria, o tapa pegar de raspão nas pernas, ou resvalar nos braços, ok. Mas não no tronco ou na cabeça; estamos falando de uns tapas educativos, corretivos, e não de um descontrole sobre-humano que resulta em danos na coluna ou em danos cerebrais ou faciais. Sem contar os danos emocionais, obviamente. A região do tórax também está fora, tanto devido a abrigar todos os nossos órgãos quanto à sensibilidade que possui. Afinal, todo mundo que, na aula de educação física, já levou uma bolada na barriga ou no peito sabe o quanto isso dói!

A intenção aqui não é causar um estado de dor aguda na criança, mas dar-lhe um susto devido a sua insistência na desobediência ou quando ela se coloca em risco. Algumas crianças são tão atrevidas que desafiam os pais, correndo em direção a uma rua cheia de veículos. Ora, para o bem dela: dê-lhe umas belas palmadas para nunca mais correr para o meio da rua!

Já vi pais que puxavam a criança pelas orelhas ou que lhes davam tapa na cara.

Alguns pais também me relataram costume de bater nos filhos com o fio do ferro de passar roupa. Uma vez tive que orientar uma avó que batia em seu neto com a colher de pau e com o cabo da vassoura. Eu lhe disse apenas uma frase: "No dia em que ele jogar uma cadeira na sua cabeça, eu não quero ouvir nenhuma reclamação sua". Foi o suficiente para que ela repensasse a sua atitude. Pelo menos foi o que ela me relatou semanas depois.

Por favor, deixe os sapatos voadores, os controles de televisão e as garfadas cheias de ódio para os alienígenas! Não vire mais um adulto inconsequente neste mundo! Ou será que, quando você e seu marido discutem, os objetos do criado-mudo criam asas pelo quarto? Você costuma jogar comida enlatada na sua faxineira? Você joga lata de tinta no pedreiro? Joga o grampeador na sua secretária? A pasta de relatório no chefe? O prato no garçom? Então, não vá fazer nada disso com seu filho, por favor. Seria total insanidade mental. Guerra com objetos em casa só se for de travesseiro e almofada e, mesmo assim, em um contexto de paz e amor.

Tenhamos bom senso: você quer educar o seu filho ou humilhá-lo e fazer com que a sua autoestima seja dilacerada?

É muito diferente o tapa como educação e o tapa como criação de monstros. E é preciso ter muita sabedoria, sim, pois a ausência 100% de tapa também está criando seres dignos das profundezas da terra.

Você quer que o seu filho aprenda com a experiência do concreto ou que ele desenvolva um sentimento de medo e fique calado por temer algo horrível? A educação na base do medo não leva a nada.

É com a mão que se bate, sim, ou, no máximo, umas chineladas. Nada além isso.

Pais, tenham em mente que a pior coisa que vocês podem permitir que seu filho faça é agredi-los. Os pais que não se esforçam para impedir que os filhos parem de chutar, bater, empurrar, cuspir nos outros, principalmente nos próprios pais, estão dando a permissão para que eles, os filhos, sejam transformados em verdadeiros monstros.

Portanto, um tapa bem dado na bunda, doído na hora, cai muito bem em inúmeras situações.

Muitas crianças, mesmo com tudo isso, ainda pedem mais limites. Mas agora não há mais o que fazer. Você já tem todas as cartas nas mangas:

- diálogo;
- pôr para pensar;
- privar seu filho de algo de que goste (brinquedos, passeios, amigos etc.);
- o tapa na bunda.

Não deixe para começar o que você aprendeu aqui quando o seu filho tiver 10 anos. O ideal é que todos os procedimentos sejam aplicados desde sempre. Educar os filhos com limites é como fazer regime: quanto mais tempo você demorar, mais estresse, desânimo e frustração você terá e mais tapas na bunda precisará dar.

Tenha dois pontos em mente, independente da idade do seu filho: enquanto ele ainda é uma criança e, às vezes, até mesmo adolescente, nunca é tarde para fazer o que é certo; segundo: se vocês, pais, não lhe ensinarem a aceitar limites e saber lidar com frustrações, ninguém mais o fará. Esse é um poder que pertence somente a vocês.

Boa sorte!

Elabore você mesmo uma lista de maus comportamentos do seu filho, escrevendo cada um deles separadamente em um dos quatro tipos de limites que você pode e deve empregar para ensinar-lhe o que é certo e o que é errado:

Diálogo:

Pôr para pensar:

Privá-lo de algo de que gosta:

Um tapa na bunda:

Passe a limpo essa lista e deixe à mostra para toda a família, na porta da geladeira, por exemplo.

PROJETO DE LEI, ESTATUTO DA CRIANÇA E DO ADOLESCENTE E A REALIDADE

Inicialmente cabe destacar o Projeto de Lei n. 2.654/2003, de autoria da então deputada federal Maria do Rosário. Eis o que diz:

> *Dispõe sobre a alteração da Lei 8.069, de 13/07/1990, o Estatuto da Criança e do Adolescente, e da Lei 10406, de 10/01/2002, o Novo Código Civil, estabelecendo o direito da criança e do adolescente a não serem submetidos a qualquer forma de punição corporal, mediante a adoção de castigos moderados ou imoderados, sob a alegação de quaisquer propósitos, ainda que pedagógicos, e dá outras providências.*

Destaco o Artigo 1634 do Código Civil – Lei 10406/02, item VII, que diz que compete aos pais exigir, sem uso da força física moderada ou imoderada, que os filhos lhes prestem obediência, respeito e os serviços próprios de sua idade e condição.

Ao longo da justificativa do projeto, consta que a permissão do uso moderado da violência no Brasil contra crianças e adolescentes faz parte de uma cultura que "pode e deve ser enfrentada por diversas vias, dentre elas a valorização da infância e da adolescência, a percepção da criança como um ser político, <u>sujeito de direitos e DEVERES</u>, e, ainda, a elucidação de métodos pacíficos de resolução de conflitos, que abarcarão a vedação do castigo infantil, ainda que moderado e para fins pretensamente pedagógicos" (grifo nosso).

O que mais chamou a minha atenção na justificativa foi o trecho que diz que a criança é um ser político de direitos e deveres, sendo que não há, no Projeto de Lei (PL) nem no Estatuto da Criança e do Adolescente (ECA), sequer a menção de quais deveres são esses.

O PL é bem claro no que diz respeito à não aceitação, em hipótese alguma, do castigo físico em crianças e adolescentes. O PL, que teve origem na "Petição por uma pedagogia não violenta", diz ainda:

"[...] se não se admite a violação à integridade física de um adulto por outro adulto, em qualquer grau, não se pode admitir a violação à integridade física de uma criança ou adolescente por outro adulto. Há de se assegurar, por conseguinte, o direito da criança e do adolescente a uma educação não violenta, por meio do reconhecimento explícito do direito específico da criança e do adolescente a não serem submetidos a qualquer violência..." (grifos nossos).

Quem quiser ler o Projeto de Lei na íntegra, acesse: http://www.fia.rj.gov.br/legislacao/leidapalmada.pdf

A seguir, alguns artigos que selecionei da Lei n. 8.069, de 13 de julho de 1990, Estatuto da Criança e do Adolescente – ECA:

Art. 1º Esta Lei dispõe sobre a proteção integral à criança e ao adolescente.

Art. 2º Considera-se criança, para os efeitos desta Lei, a pessoa até doze anos de idade incompletos, e adolescente aquela entre doze e dezoito anos de idade.

Art. 4º É dever da família, da comunidade, da sociedade em geral e do poder público assegurar, com absoluta prioridade, a efetivação dos direitos referentes à vida, à saúde, à alimentação, à educação, ao esporte, ao lazer, à profissionalização, à cultura, à dignidade, ao respeito, à liberdade e à convivência familiar e comunitária.

Parágrafo único. A garantia de prioridade compreende:
a) primazia de receber proteção e socorro em quaisquer circunstâncias.

Art. 5º Nenhuma criança ou adolescente será objeto de qualquer forma de negligência, discriminação, exploração, violência, crueldade e opressão, punido na forma da lei qualquer atentado, por ação ou omissão, aos seus direitos.

Art. 17. O direito ao respeito consiste na inviolabilidade da integridade física, psíquica e moral da criança e do adolescente, abrangendo a preservação da imagem, da identidade, da autonomia, dos valores, ideias e crenças, dos espaços e objetos pessoais.

Art. 18. É dever de todos velar pela dignidade da criança e do adolescente, pondo-os a salvo de qualquer tratamento desumano, violento, aterrorizante, vexatório ou constrangedor.

Art. 54. É dever do Estado assegurar à criança e ao adolescente:
VII - atendimento no ensino fundamental, através de programas suplementares de material didático-escolar, transporte, alimentação e assistência à saúde.

Art. 81. É proibida a venda à criança ou ao adolescente de:
I - armas, munições e explosivos;
II - bebidas alcoólicas;
III - produtos cujos componentes possam causar dependência física ou psíquica ainda que por utilização indevida;

IV - fogos de estampido e de artifício, exceto aqueles que pelo seu reduzido potencial sejam incapazes de provocar qualquer dano físico em caso de utilização indevida;
V - revistas e publicações a que alude o art. 78; [Art. 78. As revistas e publicações contendo material impróprio ou inadequado a crianças e adolescentes deverão ser comercializadas em embalagem lacrada, com a advertência de seu conteúdo]. Parágrafo único. As editoras cuidarão para que as capas que contenham mensagens pornográficas ou obscenas sejam protegidas com embalagem opaca.
VI - bilhetes lotéricos e equivalentes.

Art. 82. É proibida a hospedagem de criança ou adolescente em hotel, motel, pensão ou estabelecimento congênere, salvo se autorizado ou acompanhado pelos pais ou responsável.

Art. 98. **As medidas de proteção à criança e ao adolescente são aplicáveis sempre que os direitos reconhecidos nesta Lei forem ameaçados ou violados.**

Art. 104. São penalmente inimputáveis os menores de dezoito anos, sujeitos às medidas previstas nesta Lei. [grifos não constam do original].

Para ter acesso a todo o ECA entre no site:
http://www.planalto.gov.br/ccivil_03/Leis/L8069.htm

Como cidadã brasileira, fiz questão de grifar alguns trechos devido à incoerência com o que vemos todos os dias nos noticiários do país inteiro no que se refere à falta de qualidade do ensino público, às condições precárias do Sistema Único de Saúde oferecidas à população e também ao transporte público, ao difícil acesso a um enriquecimento cultural geral, inexistência de um trabalho preventivo contra o uso de entorpecentes etc. Para verificação disso não é necessário pesquisa, apenas ligar os nossos televisores todos os dias.

Infelizmente, a mídia esfrega diariamente em nossos olhos a verdade cruel que existe pelo nosso país: uma verdade de violação da integridade física e psíquica humana, uma desvalorização dos valores morais, não só da criança e do adolescente, mas também do adulto.

Sem entrar em questões que envolvem assaltos, assassinatos, sequestros e abusos sexuais, a prostituição infantil, o fácil acesso às drogas, ao armamento e à pornografia, a fome, a falta de saneamento básico, a miséria, a falta de uma conscientização ecológica e de uma educação escolar pública formadora de seres pensantes, a realidade da nossa pirâmide social, tudo isso, por si só, diz quanto o nosso país é ou não efetivo na proteção integral com dignidade das nossas crianças e adolescentes.

Relendo o PL e o ECA na íntegra, podemos verificar que a palavra "violência" é citada diversas vezes, sendo que violência significa "[...] uso excessivo de força, além do necessário ou esperado [...] **Violência diferencia-se de força; força designa, em sua acepção filosófica, a energia ou "firmeza" de algo, a violência caracteriza-se pela ação corrupta, impaciente e baseada na ira, que não convence ou busca convencer o outro, apenas o agride"** (grifos nossos).

Diante do Projeto de Lei e do ECA, tendo em vista tantos direitos às crianças e adolescentes, penso o que fazer com as mesmas crianças e adolescentes que agridem fisicamente os seus pais, desrespeitam autoridades, espancam domésticas, arrastam crianças presas ao cinto de segurança, maltratam prostitutas, subornam policiais, fogem ao atropelar *skatistas*, queimam índios, cometem assassinatos na frente de danceterias, matam pai e mãe por proibirem seu namoro com um bandido, matam seus avós por causa de uma bronca que levaram devido a um cigarro de maconha, queimam namoradas, esquartejam amantes, cometem atrocidades com idosos atravessando as ruas, apedrejam carros de professores, espancam homossexuais, viram bichos demoníacos em estádios de futebol etc.

Além disso, os principais jornais do país mostram pesquisas realizadas com a população e revelam a insatisfação de mais da metade dos brasileiros em relação ao projeto de lei em questão. O jornal *Folha de S. Paulo* publicou, no dia 26 de julho de 2010, uma pesquisa Datafolha revelando que 54% dos brasileiros são contra a lei da palmada, 36% são a favor e o restante não sabia ou era indiferente.

Veja o que disseram os brasileiros no *website*: http://comentarios.folha.com.br/comentarios?sr=201&com ment=60536&skin=folhaonline&done=http%3A%2F%2Fcome ntarios.folha.com.br%3Fskin%3Dfolhaonline

Os comentários transcritos a seguir encontram-se na íntegra, tendo passado somente por correção ortográfica.

26/7/2010, por Anette Olliver:
"Sou contra os beliscões, tapas na cara e os espancamentos. Agora, umas palmadas de vez em quando é preciso, sim. Com essa lei, muitos filhos não saberão o significado da palavra LIMITE, aliás, LIMITE é o que pais e filhos precisam conhecer."

18/7/2010, Cintia Santos:
"Com essa lei, é capaz de haver o aumento no índice de criminalidade, pois existe grande diferença entre uma simples palmada e um espancamento. Se o ECA não especificar isso, ao invés de generalizar a situação, as crianças crescerão sem limites, achando que tudo podem, batendo até nos professores e, dessa forma, não serão os pais que darão as 'palmadinhas' nas crianças (porque será um crime...), mas os policiais na cadeia, quando elas forem maiores de idade."

14/7/2010, por Eros Alonso:

"É assim que vai funcionar daqui para a frente. Primeiro você cria os filhos do jeito que eles querem; depois, deixa que eles os castiguem quando nossos filhos crescerem. Se querem tanto educar nossos filhos, por que não cuidam dos seus? Com a violência do Estado, da polícia, do crime organizado, a corrupção e tudo o mais, eu absolutamente não acredito que tenham se originado das palmadas nos filhos. Pelo contrário, a falta de pais dando palmadas criou vários monstros."

14/7/2010, por Jairo Silva:

"Por causa dessas teorias estapafúrdias desenvolvidas por esses psicólogos cheios de ideias 'moderninhas', somado à filosofia criada há algum tempo de que 'é proibido proibir', é que nós estamos vendo agora o resultado das gerações que foram criadas sem limites nem punições. São jovens sem respeito a nada, degenerados, verdadeiros monstros sociais. Se os pais não punirem e não corrigirem enquanto são crianças, a polícia o fará quando forem adultos."

14/7/2010, por Sergio Lima:

"Eu gostaria de ver o Código Penal brasileiro ser modernizado, gostaria de ver a maioridade penal ser diminuída para 16 anos, e ser atrelado a ela que o menor que cometer crime hediondo será julgado como adulto, independente de sua idade. Chega de proteger marginal com o ECA. Quanto às 'palmadas'... esses educadores até que têm uma boa intenção, mas o texto é vago, e só cria mais lacunas jurídicas."

14/7/2010, por Francisco Mello:

"Projetos como esse não precisariam estar em pauta, se o governo fosse ágil em criar leis que definissem os limites dos filhos. Quem é o responsabilizado quando um jovem ou criança comete alguma falha? O governo? Os pedagogos?

Os deputados? Não. São os pais. E são os pais que têm seus direitos limitados e seus deveres bem definidos. O Estatuto da Criança e do Adolescente fala sobre direitos, mas quais são os deveres que ele aponta para seus protegidos? Leis sobre agressão existem. Por respeito juvenil não."

14/7/2010, por Adriana Tavares:
"Vou continuar dando palmadinhas em meus filhos, sim. Quem sabe, assim, consigo evitar que sejam um jogador de futebol psicopata, uma procuradora frustrada ou um advogado assassino. Pelo amor de Deus, esse povo não tem mais o que fazer não?"

14/7/2010, por José Nogueira:
"Eu acredito que, VENDO a maneira como o Estado RECUPERA seus presos, podemos notar que ele não tem competência para dizer como alguém deve cuidar de seus filhos. Já chega a besteira que o Estado fez de jogar todos os menores na rua para pedir esmolas, quando proibiu que pudessem trabalhar. Sinceramente, o Estado se julga competente, mas não, e procura sempre a demagogia em lugar da sensatez, neste e em outros casos, inclusive onde se metem os 'direitos humanos'."

14/7/2010, por Rodrigo Rodrigues:
"Por que não se preocupam em criar leis que obriguem Saúde e Educação de boa qualidade?"

14/7/2010, por Alice Maravinha:
"Uma palmada não vai matar nenhuma criança, o que mata é fome. Eles deveriam se preocupar com a miséria, falta de escolas de qualidade, merenda escolar, saúde, desemprego... Se houvesse políticas sociais para acabar com esses absurdos, não precisaria de uma lei dessas."

14/7/2010, por Washington Hirata:

"Realmente é preocupante o rumo que toma esse país. Enquanto educação, lazer e segurança pública, que são alguns dos fatores essenciais a uma boa formação de pessoas, são esquecidos para dar lugar a discussões como essas, a sociedade vai sendo formada pela geração dos que se acham modernos e, com seus métodos de ensino 'modernos', criam pessoas que não aceitam os limites e acham que tudo pode, tudo 'eu' faço. Aonde vai parar isso?"

E, ainda, Thiago Porto, em 20/7/2010:

"(Provérbios 14:12) ... Há um caminho que é reto diante do homem, mas o fim posterior dele são os caminhos da morte. (Provérbios 13:1) ... O filho é sábio quando há disciplina da parte do pai (Provérbios 13:24) ... Quem refreia a sua vara odeia seu filho, mas aquele que o ama está à procura dele com disciplina. (Provérbios 22:15) ... A tolice está ligada ao coração do rapaz; a vara da disciplina é a que a removerá para longe dele."

Parece que os cidadãos brasileiros compreendem perfeitamente a diferença entre violência e o uso de umas palmadas.

Parabenizo todos os cidadãos pela coragem de levar a público seus pensamentos e percepções diante da realidade do nosso país, e fecho este capítulo com o comentário de Benício Cardoso, postado no dia 26/7/2010:

"O que temos aqui, na verdade, é a utilização de leis que proíbem os pais de AMAREM os seus filhos. O pai que usa da palmada para corrigir o filho usa-a não para se mostrar superior, mas para mostrar que a vida é dura, e que, toda vez que falhamos com ela, levamos uma surra, e esta pode ser pior do que umas simples palmadas. O projeto não quer acabar com as palmadas; quer acabar com a demonstração de amor e cuidado que os pais têm por seus filhos ao discipliná-los."

PERGUNTAS FREQUENTES

A seguir, transcrevo as perguntas mais frequentes em meu consultório e as orientações de modo geral.

1) Outro dia eu estava na sala, recebendo visitas, e o meu filho de 2 anos e 4 meses me desobedeceu. Então chamei a sua atenção e, logo em seguida, ele me deu um empurrão no meio de todos. Todo mundo deu risada e, com isso, ele também começou a rir. É certo o que houve?

Não. De modo algum. Geralmente é um problema muito grande quando os pais precisam repreender os filhos com plateia presente. As pessoas tendem a achar graça das demonstrações de raiva de crianças tão pequenas quanto o seu filho, o que é um equívoco, pois, à medida que elas crescem, suas demonstrações de raiva muitas vezes tornam-se grandes ataques de fúria. Esteja segura do seu papel como mãe e faça o que tiver que fazer, independente de outras pessoas. Para evitar situações constrangedoras e eventuais embaraçamentos, na próxima vez, chame a atenção do seu filho longe de todos, falando seriamente para ele que você não aprovou o que ele fez. E fique atenta, pois muitas vezes as crianças atacam os pais em público, pois sabem que ali, naquele ambiente com aquelas pessoas, os pais estão mais vulneráveis e não vão pegar pesado dando bronca no filho. Isso também deve ser feito quando a criança grita ou xinga os pais.

Adultos em geral não repreendem crianças que os chamam de bobo, boboca, feio, chato. O que deve ser observado é a energia que a criança coloca ao xingar um adulto. É muito diferente uma criança que diz "Seu bobo, vai embora" de uma que diz "VAI EMBORA DAQUI, SEU BOBOCA, IDIOTA! EU TE ODEEEIIOOO!'".

Os pais devem ter em mente o seguinte: a energia que ela coloca, ainda tão pequena, durante as brigas, tende a aumentar conforme for crescendo. Se com 2 ou 3 anos de idade ela já ultrapassa muito os limites, imagine aos 15 anos. Releia os capítulos "A escada da hierarquia" e "Criando monstros".

2) *Eu já falei para a minha esposa parar de mudar de opinião quando ela diz "não". Mas ela é muito mole e cede à toa, faz todas as vontades dos nossos filhos. O que eu faço?*

Infelizmente, não há como você mudar o modo como ela funciona. Você pode alertá-la sobre isso e tentar fazer com que perceba as próprias dificuldades, mas ela só mudará de postura se refletir e perceber o mal que está fazendo aos filhos.

Oriento que você seja leal no seu "sim" e no seu "não" aos seus filhos. Pelo menos, quando você disser "sim", eles saberão que é sim, e quando você disser "não" eles saberão que é não. Saiba que isso, além de dar segurança às crianças, fortalece a relação de vocês, pois os filhos crescem confiando na sua palavra e sabendo que o que você fala é verdadeiro.

Quanto ao caos causado pelo sim e pelo não que a sua esposa diz, ela terá que lidar com as consequências disso no futuro.

3) *Eu e meu marido discordamos em praticamente tudo na educação dos nossos filhos. Há alguma coisa efetiva que possamos fazer para a melhora da situação?*

Primeiramente, saiba que não é só com vocês que isso ocorre. Trata-se de um problema frequente no consultório. A pior atitude que vocês podem ter é discordar um do outro na frente das crianças.

Se o pai colocou o filho de castigo enquanto a mãe estava fazendo compras, e esta, ao entrar em casa, resolve tirar o filho do castigo, está cometendo um grave erro. O que o pai combinou com o filho é problema deles. A mãe nem estava presente quando aconteceu tal situação.

Caso um não concorde com a atitude do outro, conversem a sós em algum momento em que os filhos não estejam ouvindo.

O que eu oriento os pais a fazer é o seguinte: já que ambos estão com muita dificuldade em ceder às opiniões do outro e em tentar dar razão ao companheiro em algumas situações, que façam assim: estipulem quem será o responsável pelas crianças em cada situação.

Por exemplo: na casa dos avós maternos, fica a mãe como responsável. Na casa dos avós paternos, o pai. Se, na última reunião de família, o pai cuidou mais, então que, na próxima, seja a mãe.

Muita atenção a dois fatores importantíssimos:

- Não pode dizer: "Vou chamar a sua mãe!", "Vou contar para o seu pai!" – sejam adultos e assumam a responsabilidade do acordo feito.
- Um não pode se intrometer nas decisões do outro. Deixe que quem está cuidando dos filhos se vire com as situações. O outro ficará apenas observando.

A ideia é que, com esse combinado, cada um possa, de fato, perceber quanto os próprios métodos são eficazes e quanto valeria a pena seguir os métodos do(a) companheiro(a).

Quem sabe assim, com o tempo, o casal comece a compreender melhor a visão um do outro e a aceitar mais as sugestões que surgirem.

4) *Quando fui buscar a minha filha de 4 anos na escola, vi a professora conversando no portão com outra mãe e ambas estavam falando mal da criança na frente dela. Qual a sua opinião sobre isso?*

Isso é um pouco complicado, pois tenho que pensar na praticidade e na correria que é o momento de entregar os filhos aos pais no portão da escola.

Muitas mães cometem o erro de falar mal de seus filhos

em público. Falam como se a criança não ouvisse com profundidade, como se ela não formulasse pensamentos sobre isso. Aí é que está, pois a criança fica desmoralizada, humilhada e ressentida com a mãe pela exposição.

Sempre oriento professoras a não prolongar essas situações e também a falar claramente às mães que deixem para resolver esses assuntos nas reuniões da escola e, caso seja muito urgente, marcar um horário específico para irem à escola.

Mas, na sua pergunta, você diz que a professora também falava mal da criança. Não vejo problema algum em, no próximo dia letivo, você dizer educadamente à professora: "Oi, outro dia, no portão, eu vi que você falava com uma mãe sobre o filho dela na frente da criança. Apenas quero lhe pedir que não faça isso com o meu, para que ele não fique constrangido, mas, sendo algo importante, fique à vontade para falar comigo em algum momento em que o meu filho não esteja presente. Espero que compreenda".

E ponto final. Assim, você também dará oportunidade para que a professora reflita sobre a postura que teve.

Caso o diálogo não adiante nada, e se algo inconveniente relacionado ao SEU filho ocorrer, só lhe restará, então, conversar com a coordenadora, diretora ou dona da escola.

5) *Meus dois filhos, de 3 e 5 anos, passam mais tempo na escola do que em casa. Às vezes eles voltam superagressivos. É culpa da escola?*

Tenha sabedoria ao avaliar tal questão. Comece a reparar no comportamento das demais crianças. Se a maioria apresentar agressividade e falta de educação, é provável que algo esteja errado com a escola. Caso contrário, não é lá que os seus filhos estão aprendendo a ter um comportamento ruim. Reveja em casa e nos contatos mais íntimos o que pode estar ocorrendo.

Mas afirmo: se a maioria das crianças da escola não se comporta como seus filhos, então não é a escola a causadora do transtorno.

6) *Já que a minha filha fica o dia inteiro na escola, então não* *seria a escola a maior responsável pela formação dos seus valores, do seu caráter?*

De forma alguma. A escola possui, sim, importante papel no crescimento dos alunos. A sua principal função é a de educar academicamente e alertar os pais sobre algo indevido apresentado pelos filhos. Mas valores e princípios são trazidos de casa, de dentro da família. Se não fosse assim, a escola seria uma fábrica de robôs. Graças a Deus, não é.

7) *É preciso repreender tudo de errado que os filhos fazem?*

Claro que não! Quem aguenta? Ninguém! A rotina seria um inferninho assim. Não faz mal algum fingir que não viu certas situações, ignorar pequenas falcatruas... O que não pode é deixar passar delitos mais graves, situações mais desgastantes, mais sérias.

8) *Como eu corrijo o meu filho adolescente, que nunca me obedeceu nem mesmo quando era pequeno?*

Ah... isso é um problemão. Dependendo do que acontece, das objeções e reações do seu filho, sinto dizer-lhe, mas pode ser praticamente impossível reverter a situação a essa altura.

Se o diálogo não funciona, se não adianta ameaçar proibindo-o de sair, pois ele sai do mesmo jeito, se tirar o computador do quarto dele vai piorar a situação, a única orientação que eu posso passar em um caso desse é procurar ajuda profissional. Urgente. Tanto para ele, quanto para vocês, pai e mãe.

9) *Casei-me há pouco tempo e o meu filho de 7 anos, fruto do meu primeiro casamento, não aceita a autoridade do meu atual marido. O que devo fazer?*

Veja bem. Muitos homens e mulheres que têm filhos e passam por um divórcio, quando conhecem uma pessoa, pecam em não proporcionar momentos de interação entre o filho e o novo companheiro. A relação entre ambos fica fria e distante, sem intimidade. Então é normal que quando ocorre um novo casamento o filho não vá aceitar ordens daquela pessoa, afinal, pense bem, nós só aceitamos ordens de quem tem intimidade conosco.

Sugiro que o seu marido seja paciente e tente primeiramente se aproximar do seu filho, brincando junto, batendo papo, indo à padaria sem você, situações triviais do dia a dia, mas que possuem um peso enorme no quesito intimidade.

E você pode e deve facilitar todo esse processo.

Com o passar do tempo, a intimidade se instalando, o seu filho baixará a guarda automaticamente para o seu marido, e os dois terão uma relação mais natural. Coloque-se no lugar do seu filho um pouco: pense quanto deve ser difícil para ele ter que aturar uma pessoa em casa, sem ter intimidade com ela.

Então, façam essa intimidade nascer e crescer.

10) *É certo deixar que avós, tios, primos mais velhos deem uma palmada nos nossos filhos?*

Essa é uma questão muito pessoal. Depende muito da criação que você e seu marido tiveram.

Na minha família, por exemplo, fomos todos criados muito juntos. Então, eu mesma levei palmadas de todos os tios, dos meus avós, e também dei palmadas nos meus primos mais novos. Entre nós, isso nunca foi um problema, pois ninguém ultrapassava o limite do bom senso e um só dava palmada no outro quando o pai ou mãe de quem iria apanhar não estava presente. Nós nunca ultrapassamos a autoridade um do outro.

Mas tudo depende de como funciona cada família. Veja o que deixa você e o seu marido à vontade.

11) *Há algum problema em permitir que o meu segundo marido dê umas palmadas no meu filho quando for necessário? O meu marido também tem uma filha da primeira união e eu a trato como se fosse minha filha.*

Essa é uma questão tão ou mais delicada do que a anterior.

Tudo depende de como é a relação de todos.

Você está dizendo que trata a sua enteada como se fosse a sua filha. Tenho certeza de que a mãe dela, além de gostar disso, fica segura quando a menina está em suas mãos. Se você a trata como filha dando-lhe comida, banho, atenção, carinho, cuidando de sua saúde e bem-estar, então é esperado que ela a trate com o devido respeito e afeto também. Ou seja, caso ela não se comporte bem, infringindo alguma regra da casa e insistindo no erro, muitas vezes até de propósito, se o seu marido, pai dela, não estiver presente, caberá a você tomar uma atitude perante a situação.

Conversar, colocar para pensar, tirar algo de que ela gosta, deixar de fazer um passeio, o tapa – tudo depende da gravidade do acontecido e, também, do seu relacionamento com a mãe dela.

Isso também vale para o seu filho em relação ao seu marido.

É uma situação delicada e complicada. Mas, se as crianças estão com vocês, então são vocês os responsáveis por elas. Como também quando o seu filho vai dormir na casa de uma tia, cabe a ela tomar as rédeas no momento.

É importante que todos os adultos envolvidos tenham confiança um no outro e transparência ao conversar. Quando ocorrer algo mais sério, como ter que dar um tapa na enteada ou no sobrinho, é bom conversar com os pais da criança e explicar o que houve, para que não haja problemas dentro da família.

12) *Todos os dias é um tormento fazer meu filho de 5 anos ir tomar banho. É um desgaste terrível, aquela gritaria. A casa parece um hospício. Você tem alguma sugestão que possa me ajudar?*

Até certa idade, os pais são capazes de pegar o filho no colo, na marra, e levá-lo ao banho, mesmo com muito esperneio. Mas a criança cresce e fica mais forte; então, não é mais tão fácil levar o filho para o chuveiro na marra. Além disso, uma criança esperneando no colo de um adulto pode se machucar nas paredes, ou até mesmo quebrar o box.

Você precisa combinar uma rotina com seu filho. Por exemplo: chegou da escola, banho direto. Ou após o jantar. Para facilitar, estipule que ele só poderá jogar *video game* após o banho. Caso ele faça birra, não entre no jogo. Respire e fique tranquilo, dizendo a ele com calma e clareza:

"Ai... que pena que você está fazendo isso. Eu não vou gritar e ficar com a garganta doendo por sua causa. E também não quero gritos nos meus ouvidos. Você decide: fica sem *video game* até o fim do dia ou quer *video game* depois do banho? Essas são as suas opções".

Caso a birra piore, e ele responda apenas com mais gritos, diga ao seu filho:

"Nossa! Agora piorou. Vou dar a você mais uma chance para decidir. Mas preste atenção no que você vai fazer, pois é só uma chance mesmo".

E não dê duas chances. Uma é uma, e ponto final.

Caso o seu filho não mude de opinião, diga firmemente a ele:

"Ok, já que você não colabora, então, amanhã também não terá *video game*".

E faça cumprir. Mesmo que o seu filho se comporte como um anjo no dia seguinte. Não importa. É o que foi combinado devido ao mau comportamento do dia anterior. Ele perdeu a chance de se redimir. Você ofereceu a chance e ele não quis; portanto, vai ficar sem *video game* por mais tempo.

A maioria das crianças chora muito mais quando os pais falam isso, fazendo altos escândalos. Isso ocorre porque elas estão testando os pais e acham que eles irão ceder diante da manha fenomenal. Se os pais não cederem, passado um tempo (que varia de poucos minutos a algumas horas), a criança para, pois é vencida pelo cansaço, mesmo que isso lhe custe muito tempo.

Os pais precisam ser firmes e não mudar de ideia no meio do processo, para não colocar tudo a perder.

Tenha certeza: na próxima vez que você tiver essa postura com o seu filho, ele pode até fazer escândalo, mas será menos intenso e com menor duração. Aos poucos, chega um dia em que ele já vai sozinho para o banho, sem que você precise dizer nada.

É importante e muito saudável para a relação de vocês que, quando isso acontecer, você diga a ele algo como: "Fiquei muito feliz porque você tomou banho na hora certa e se lavou direitinho. Vamos jantar e depois eu vou jogar *video game* com você".

13) *Meu filho se recusa a comer a comida do almoço e, na pressa, acabamos dando o que ele quer comer (biscoitos e salgadinhos). Sei que não está certo, mas como podemos fazer algo na correria do nosso dia a dia?*

Primeiro: você tem dois problemas. Um de comportamento e um nutricional, pois é impossível que, comendo apenas porcarias na hora do almoço, o organismo do seu filho esteja bem nutrido.

Então tente reverter essa situação o mais rápido possível, pois, quanto mais ele recusar os alimentos saudáveis, pior será a adaptação.

Vamos lá: não queira que o seu filho, de repente, coma um prato cheio de comida. Isso não vai acontecer. É preciso fazer a mudança aos poucos, afinal, a alimentação dele está como está porque você perdeu o controle da situação e permitiu que isso ocorresse.

Você deve colocar no prato do seu filho um pouquinho de todos os alimentos que serão servidos no almoço: grãos, carnes, cremes, verduras, legumes (crus e cozidos). Isso é importante para que ele se acostume aos poucos com as cores, as texturas, os aromas dos alimentos. Ou seja, com a cara da comida.

E faça com que ele coma pelo menos um pouquinho de cada alimento.

Exemplo: uma rodela de tomate e de pepino, uma garfada de alface, um pouquinho de cenoura e beterraba raladas, um pouco de arroz, feijão e um pedaço de carne.

Quanto é um pouco de arroz e feijão?

Ora, tudo depende de quão grave é a situação do seu filho. Se ele não come absolutamente nada, então, colocar alguns míseros grãos de arroz e feijão na boca, junto com um pedaço de carne e uma garfada de salada, já será um progresso tremendo. Aos poucos, você vai exigindo que ele coma mais, até que esteja comendo o ideal para a sua faixa etária.

Mas atenção: não o obrigue a gostar de tudo. Ninguém gosta de tudo. Eu, por exemplo, odeio figo, beringela e chuchu (quem é que gosta de chuchu?). Mas como todas as demais frutas e variedades de verdura.

Se o seu filho rejeitar um ou outro alimento, ok, até porque o paladar da criança é diferente do paladar do adulto.

Outro ponto: no início é normal que a criança fique furiosa com a nova regra e não coma nada. Não é necessário causar um transtorno nos momentos das refeições. Apenas faça o seguinte: se ele não quiser comer mesmo, guarde o prato no micro-ondas e não dê NADA para ele comer durante o dia.

NADA quer dizer que não pode nem um achocolatado, nem uma bolachinha, nem um pãozinho de mel, nem um pãozinho de queijo, nem bala, nem chiclete. Nada. Tenha certeza: a fome vai bater, e ele vai comer o prato do micro-ondas.

No dia seguinte, ele vai pensar duas vezes antes de rejeitar o almoço.

Esse é o tipo de situação que eu aconselho os pais a começarem no final de semana, quando não trabalham, pois demanda mais tempo e paciência para serem firmes, para aguentar o transtorno que pode haver, sem se preocuparem com o horário da escola ou do trabalho. Além disso, podem manter os filhos o dia todo sob o seu olhar, para que não haja o risco de ele comer alguma coisinha com a babá, na casa da vizinha ou da vovó.

14) *O meu filho de 4 anos vive falando que vai fugir de casa. Eu tenho muito medo de que ele realmente faça isso e acabo cedendo ao seu desejo. Sei que estou errada, mas como posso garantir que ele não vá fugir?*

Primeiro: pode parar com isso. Se você dá ao seu filho o que ele quer quando ele diz que vai fugir de casa, ele aprendeu que vale a pena falar que vai fugir de casa. Pode parar com isso já! O seu filho não vai fugir. Ele não sabe fugir. Ele não tem para onde fugir. No máximo, para debaixo da cama ou para dentro do guarda-roupa. Mas é necessário ficar atento quando a criança faz tal ameaça, pois muitas fazem a malinha e saem pela porta da frente. A maioria fica parada do lado de fora de casa, pensando: "E agora? Como é que foge? O que eu vou fazer?".

Mas muitas andam até a esquina. É onde está o perigo: pessoas com más intenções, carros, motos, ônibus etc.

Para que essa pequena ameaça não vire meta de vida, e a criança fique determinada a fugir, o ideal é mostrar-se bem seguro dizendo-lhe o seguinte:

"Ah é?! Você vai fugir? E vai fugir pra onde? Vai comer o quê? Bem... Já que é isso o que você quer, tchau. Boa sorte. Mas não volta não, hein?!".

Isso funciona com a maioria das crianças, pois levam um susto com a postura dos pais e logo desistem da ideia.

No entanto, temos que pensar na minoria das crianças, aquelas que são mais atrevidas e de fato vão para o lado de fora da casa. Como a criança pode realmente se colocar em risco, você não vai permitir que ela saia andando pela rua, carregando a mochila e o super-herói. Assim, faz-se necessário uma postura bem firme: "Ah... você quer fugir? Pois não vai, não! Enquanto você for criança, você vai morar aqui, quando virar adulto e tiver o seu dinheiro, aí você vai embora se quiser. Enquanto isso, é aqui mesmo que vai ficar e ponto final. E, como castigo, você não vai ganhar sobremesa hoje e não vai poder escolher o DVD a que vamos assistir".

É importante que os demais integrantes da família comam a sobremesa na frente dela, normalmente, sem provocações, para que ela perceba que deixou de ganhar algo muito gostoso. E, claro, guarde as chaves de casa em um local em que seu filho não terá acesso no meio da noite ou logo que acordar.

15) *Meu filho tem uns ataques repentinos quando não fazemos o que ele quer. Ele fica tão descompensado que me deixa descompensada também. No final da história, todos ficam berrando e nada se resolve. O que deve ser feito?*

Parece que você desceu do seu degrau na escada da hierarquia. O seu filho ficar descompensado é uma coisa; mas ele conseguir descompensar você é outra, pois ele é só o pequeno. Veja só o poder que possui sobre você.

Agora você vai começar a fazer um exercício mental de autocontrole.

Pode parecer ridículo, mas funciona: peça a uma amiga sua que fique gritando, olhando para você, falando coisas absurdas, desde xingamentos até mentiras absurdas. Se a sua tolerância for muito baixa, marque 5 minutos no relógio. Depois passe para 10 minutos. A sua única obrigação nesse exercício é ficar quieta, olhando para a sua amiga sem demonstrar nenhuma alteração facial. Tente não rir nem mostrar sentimento de raiva.

É isso o que você deve fazer no próximo surto do seu filho. Deixe-o surtar sozinho. Provavelmente ele vai ficar furioso e vai surtar mais ainda. Concentre-se e respire. Não ceda. Fique apenas observando. Quando ele parar (às vezes, pode demorar horas), deixe que se acalme aos poucos, sozinho, por conta própria. Como uma criança-mutante que perde aos poucos os seus superpoderes.

Experimente ficar em silêncio. Às vezes, o silêncio dos pais causa um efeito positivo na criança, pois ela já sabe que errou, que agiu mal, sabe que não conseguiu o que queria, que de nada adiantou o seu piripaque. Dê-lhe um banho com calma e ponto final.

Mas jamais permita que o seu filho descompense você também; afinal, quem é gente grande dentro de casa: você ou ele?

16) *Qual é a idade certa para deixar a minha filha sair sozinha com os amigos?*

Depende muito da confiança que vocês têm uma na outra e dos tipos de passeios que ela quer fazer com os amigos. A partir dos meus 13 anos, minha família sempre deixou que eu saísse com os meus amigos. Não me lembro de ter ouvido um "não" sobre isso. Mas os lugares que eu frequentava eram pertinentes à minha idade e, além disso, meus pais tinham o hábito de fazer algo que, já na minha época, não era muito comum (imagine hoje em dia): eles anotavam o telefone da casa de quem dirigiria o carro, além de pegar o número da placa do carro também. Eu nem sentia vergonha, pois já estava acostumada e compreendia que era para o meu bem.

Crianças abaixo de 8 anos são muito novas para terem tanta responsabilidade sobre si mesmas. A partir dos 9 anos de idade, você pode analisar alguns fatores: ela é responsável com a tarefa escolar? Organiza o próprio quarto? Obedece a você e ao seu marido sem criar muitos problemas? Sabe usar bem o telefone celular? Tem responsabilidade financeira? É capaz de identificar um segurança em um ambiente como o shopping? Toma cuidados com a sua parte íntima quando usa um banheiro público (inclusive trancar a porta do banheiro)? Costuma mentir para você? Veste-se apropriadamente para a sua idade (ou é uma mulher em miniatura)? Comporta-se bem quando dorme na casa das amigas ou dos primos?

Estando aprovada em tais itens, você pode cogitar uma ida ao cinema com as amigas, sendo que você as buscará na saída, logo após o filme. Assim, aos poucos, você pode ampliar seus passeios.

Faça combinados com a sua filha: limite um horário para buscá-la e determine que, se você ligar, ela deve estar atenta para atender ao celular. Para que não diga que não ouviu o aparelho tocar, é só deixá-lo no bolso da calça, pois sentirá a sua vibração. Checar o celular de vez em quando também não custa nada.

Buscá-la no meio da noite, apesar do trabalho e cansaço que dá, é positivo para que você veja o estado físico e mental da sua filha após a farra. Aos poucos, sendo merecedora de mais confiança, você poderá começar a permitir que ela volte de carona com pessoas conhecidas.

Com filhos adolescentes, tenha muito cuidado com a falsificação do documento de identidade (RG), mania hoje em dia entre os adolescentes, e fique de olho nas festas de música eletrônica, pois são ambientes onde circula grande quantidade e variedade de drogas.

17) *O que devo esperar ou exigir de uma babá?*

O essencial é que ela primeiramente obedeça às suas ordens e recomendações.

Uma babá não deve ter a responsabilidade de fazer com o seu filho a lição de casa dada pela escola. O papel dela é de ser uma boa cuidadora na ausência dos pais. Brincar devidamente com as crianças faz parte do cuidar.

Levar a criança para dar uma voltinha em um horário em que o sol já não esteja muito forte, somente se você tiver confiança nela.

É importante que a babá tenha sempre consigo um bilhete com os telefones importantes para o caso de emergência, como os celulares dos pais das crianças, bem como endereço e telefone da residência e dos locais de trabalho dos pais, além do telefone da casa dos avós, número do convênio médico, polícia e ambulância.

18) *Meu filho adora testar a minha paciência quando estou conversando com alguma amiga. Ele fala gritando no meu ouvido até eu atender aos seus pedidos. Mas é muito desagradável. O que devo fazer?*

Primeiramente você vai parar de alimentar esse comportamento perturbador do seu filho, parando de lhe dar o que ele quer após alguns gritos nos seus ouvidos. Ele persiste nesse comportamento porque você permite; afinal, depois de irritar bastante você, ele tem o seu desejo satisfeito.

Converse claramente com ele, dizendo-lhe que, "a partir de hoje", você não vai mais tolerar tal comportamento, e estipule um castigo caso ele ignore o que você lhe disse.

É muito provável que ele vá testar você, afinal, trata-se de uma nova regra dentro de casa. Peça licença a quem estiver presente e leve o seu filho a outro ambiente, aplicando o castigo que você mencionou anteriormente. Caso ele continue perturbando, o castigo piora. E assim vai até que ele perceba que não vale a pena insistir mais, pois, além de não ganhar o que queria, ainda perde algo.

Lembro-me como se fosse ontem de uma cena: eu e minha tia estávamos tocando violão quando o meu primo (e afilhado), filho dela, nos interrompeu gritando em seu ouvido. Ele não esperou que ela terminasse de falar comigo e ficou gritando incansavelmente em seu ouvido. Após algumas tentativas dela de dizer-lhe que esperasse e que parasse de gritar, como ele não parou, ganhou um belo tabefe na bunda. Ele fez menção de quem iria chorar aos berros, mas segurou quando ela disse: "Se quiser chorar porque a bunda está doendo, pode chorar, mas se chorar berrando no meu ouvido, vai levar outro pior ainda!". Ele se controlou, sentou-se ao lado dela e deitou a sua cabeça no ombro da mãe, que, normalmente, continuava conversando comigo sobre coisas de violão. Não tenho na minha memória um *replay* dessa cena. Funcionou porque, como os filhos conhecem muito bem os pais que têm, o meu primo sabia que, se abrisse o bocão outra vez, a bunda iria arder mais ainda.

19) *Sou mãe de três filhos e, todos os anos, comemoramos seus aniversários em bufês infantis. Muita gente compra presente para todos os nossos filhos, mas eu e meu marido achamos isso errado. Como podemos reverter essa situação?*

Esse é um hábito muito ruim que muita gente tem. Antes das festas, converse calmamente com as pessoas que costumam fazer isso, explicando-lhes que não é legal, pois, além de que as crianças não dão muito valor aos presentes vindos de modo tão fácil, o destaque do dia acaba não sendo tão destaque assim, o que é ruim, pois, no dia do nosso aniversário, nós somos as estrelas, e não os primos ou irmãos.

Já que vocês costumam celebrar as datas em bufês, você pode controlar os brinquedos deixados na caixa de presentes, já que, hoje em dia, em festas grandes, com muitos convidados, as crianças não abrem os presentes no momento em que ganham. Você pode, então, guardar alguns no armário e dar aos poucos aos seus filhos.

Mas isso é uma solução para a não colaboração dos demais adultos. O ideal é que eles deem presentes somente ao aniversariante.

20) *A minha filha de 4 anos tem a coleção completa dos brindes que vêm nos lanches dos fast-foods. O ponto é que ela nunca quer comer o lanche, só a batata frita. Ficamos com dó, pois trabalhamos muito durante toda a semana, passamos pouco tempo juntos, então comemos o lanche por ela. O que você pensa sobre isso?*

Totalmente errado. É uma ilusão pensar que vocês vão compensar a ausência física fazendo todas as vontades da criança. Pense bem: no pouco tempo de convivência com sua filha, em vez de educá-la dentro de regras e limitações, vocês estão ensinando à menina que ela pode ter tudo, mesmo quando não faz o que cabe a ela fazer.

Esse comportamento dos pais é um mal dos tempos atuais. Reflitam.

21) *Em nossa casa, nós temos as nossas regras. Mas nos avós as regras são outras. Eles liberam tudo. Isso não causa caos na cabeça da criança?*

Por incrível que pareça, não causa, não, pois as crianças aprendem direitinho as regras de cada ambiente, de cada adulto. Infelizmente, não há muito o que vocês possam fazer além de conversar com os avós. Ninguém muda o modo de pensar de ninguém, a não ser a própria pessoa, por meio de uma profunda e verdadeira reflexão.

No meu consultório, eu tenho várias regras, e todas as crianças sabem muito bem quais são e que precisam segui-las. E seguem. Há alguns anos eu tive um paciente de 4 anos que esparramou todos os meus carrinhos pela sala inteira. Eu deixei, só para ver o que iria acontecer. Na hora em que eu lhe disse para guardar, ele falou: "Guardar? Mas, na minha casa, quem guarda é a minha mãe e o meu tio (o padrasto)". E eu lhe respondi: "Então, mas olha só: você não está na sua casa, eu não sou a sua mãe e eu não sou o seu tio. Portanto, aqui você vai guardar. Eu deixei que você brincasse com os meus carrinhos que estavam guardados no armário, agora você tem que guardá-los".

Após alguns segundos de silêncio, ele me disse: "Você me ajuda?". Fui flexível, aceitei ajudá-lo de modo que ele guardasse a maioria dos carrinhos. Contei o episódio à mãe e ao padrasto, que começaram a ser mais firmes em casa, e ele nunca mais se atreveu a dizer aquilo no meu consultório.

Muitas pessoas ficam chocadas com essa postura, mas não se dão conta de que é assim que começa o abuso. Primeiro, o adulto está apenas guardando os carrinhos do filho pequeno; quando acorda, está arrumando a gaveta de camisinhas do filho adolescente e, depois, tentando limpar a sua sujeira na delegacia, quando ele, sob efeito alcoólico, atropela alguém.

22) *Minha filha de 6 anos tem o péssimo hábito de não cumprimentar as pessoas quando chegamos a algum lugar. Isso acontece em todos os ambientes. Acabo passando por uma mãe que não sabe educar. Pode me ajudar?*

Parece-me que a sua filha está com o foco em obter o que chamo de atenção negativa, que é obter atenção mesmo em razão do mau comportamento. Isso é preocupante, pois, se ela continuar nesse esquema de funcionamento interno, quando for adolescente, tenderá a chamar atenção também de modo negativo. E todos nós sabemos muito bem quais são os piores riscos pelos quais um adolescente passa: drogas, gravidez indesejada, doenças sexualmente transmissíveis, prostituição.

Converse com ela e lhe diga que é obrigada a cumprimentar as pessoas, ou terá um castigo. Se a situação continuar se repetindo de modo agravado, procure um profissional para que ele possa verificar o que há de errado no caso dela e possa orientá-la mais especificamente.

Tenha claro, no entanto, que isso não é um comportamento aceitável, pois vivemos em sociedade e as pessoas se cumprimentam. Ou ela está querendo chamar atenção de forma negativa ou algo mais sério está acontecendo no seu interior (psíquico, afetivo). Verifique.

23) *Tenho um sobrinho que fala muito palavrão, e a minha irmã acha lindo, não faz nada a respeito. O duro é que o meu filho está seguindo o exemplo. Como posso mudar a situação e evitar que meu filho fique tão mal-educado quanto meu sobrinho?*

Primeiro você precisa conversar e conscientizar o seu filho sobre o significado dos palavrões e o quanto é errado ter tal postura. Explique com calma, nomeando os palavrões com muita clareza, de forma didática mesmo.

Converse com jeito com a sua irmã, tentando alertá-la sobre o mal que ela faz ao próprio filho estimulando que ele seja agressivo e inconveniente verbalmente. Fale um pouco sobre os valores familiares, sobre a criação que vocês tiveram.

Caso ela se mostre resistente, infelizmente a orientação que tenho nesses casos não é muito fácil para ser seguida: diminua o contato com o seu sobrinho.

Pense bem: se você soubesse que a professora do seu filho fala palavrões o dia todo, você seria omissa ou informaria a coordenadora, esperando uma postura da escola perante a situação? Se você soubesse que a terapeuta do seu filho fala palavrões nas sessões, você manteria o seu filho com ela? E o pediatra do seu filho? O motorista da van escolar? Então, com o seu sobrinho é a mesma coisa, mas, como se trata de uma pessoa da família, é bem complicado o afastamento.

24) *Minha filha de 5 anos está insistindo para que eu lhe compre um cachorrinho. Eu detesto cachorro, mas ela prometeu que vai cuidar dele direitinho, dando comida, levando para passear, trocando o jornal. Ela já tem idade suficiente para cuidar de um cachorro?*

Não, não tem. Ela só tem 5 anos. Basta você ver o cuidado que ela possui com o próprio quarto. Ela pode até ajeitar as coisinhas dela bem arrumadas para a sua idade, mas, com certeza, ela ainda não possui a conscientização necessária para cuidar de um cachorro.

Experimente primeiro um peixinho. Como o Beta, por exemplo. Observe como ela cuida. Um vasinho de flores também.

Mesmo crianças de 10 anos de idade precisam de uma boa supervisão dos pais ao cuidar dos animais domésticos. Então, se você não gosta de cachorros, não compre, pois sobrará para você.

Diga a ela que, quando for adolescente, ela poderá ter um; por enquanto não e ponto final. Ela pode até chorar um pouco, mas você terá paz dentro de casa, ao contrário do que se você ceder nesse momento.

25) *Meu filho de 6 anos tem medo de dormir sozinho desde os 2 anos e meio. Então, quando eu e o meu marido estamos quase dormindo, ele começa a chorar e, devido ao cansaço, acabamos deixando que ele durma no meio de nós dois. Sabemos que é errado, mas não estamos conseguindo resolver isso, e a situação está ficando absurdamente insuportável.*

Ora, essa é uma questão muitíssimo comum em muitas famílias.

Não quero ser indiscreta, mas não há outro modo de falar o que vou falar: tenho certeza de que a vida sexual de vocês não está satisfatória. Então, antes que o casamento chegue à ruína total, siga as orientações abaixo.

Primeiro: vocês acostumaram o seu filho a dormir no meio de vocês. O erro é seu; portanto, não espere que ele mude tudo sozinho e nem de um dia para o outro.

Comece dizendo a ele que seus dias na cama do papai e da mamãe estão contados e que, a partir do fim de semana, ele dormirá na cama dele, no quarto dele.

Leve-o a uma loja e deixe que ele escolha um edredom novo, uma almofada legal, adesivos que brilham para colar no teto do quarto. Deixe o cantinho dele gostoso e convidativo, mas faça-o participar desse processo.

26) *Outro dia, meu filho chegou da escola chorando e não quis falar o que havia acontecido. Perguntei-lhe se alguém tinha batido nele e fui falando o nome de cada professora. Até que ele disse que não gosta de uma professora, mas não quis falar o nome dela. Devo tirar satisfação na escola sem saber ao certo o que ocorreu?*

Veja bem: na grande maioria das vezes, quando uma criança de fato não gosta de uma professora, seja lá por qual motivo for, ela comenta normalmente isso em casa, contando o porquê.

A situação apresentada me parece mais uma situação típica de malandragem. É até muito provável que o seu filho tenha aprontado algo na escola e não quis revelar a você a verdade.

Como você ficou sensibilizada, enchendo-o de perguntas, automaticamente o seu filho percebeu que poderia ganhar algo ali. As crianças, quando não gostam de alguém, falam claramente aos pais. Mesmo que seja por motivos banais ou por dificuldades internas delas.

Há anos, quando eu era professora em uma escola de educação infantil, um menino de 5 anos não queria mais frequentar as minhas aulas, que eram muito teatrais, expansivas e criativas. Tratava-se de uma criança muito retraída e infantilizada para a idade em questão. Além disso, sua mãe estava grávida. Como a mãe desse menino também era uma pessoa muito retraída, ela realmente achou que algo não deveria ser muito legal nas minhas aulas e permitiu que ele não fosse à escola nos dias em que eu estaria lá. Tendo agido assim, essa mãe deu ao filho a munição de que ele precisava para manipulá-la, além de tê-lo privado de lidar com desafios e vencer as próprias dificuldades.

Aconselho que você converse com a escola, perguntando primeiro o que aconteceu no dia em que o seu filho saiu de lá chorando. Ouça a versão da escola e reflita com calma antes de atacar uma professora cujo nome você nem sabe.

27) *Todo dia, os meus filhos de 8 e 10 anos têm tarefa da escola para fazer. Eles pedem a minha ajuda, mas eu acabo fazendo por eles, de tão cansada que fico à noite devido ao meu trabalho. Como posso fazer que eles mesmos realizem suas tarefas?*

Pare de fazer a tarefa por seus filhos. Eles têm idade suficiente para fazer as tarefas sozinhos. No máximo, você pode auxiliá-los a compreender os enunciados e conferir se fizeram tudo de acordo.

Se fizeram malfeito, com má vontade, faça-os apagar e refazer tudo. Fez malfeito, trabalho dobrado. Como tudo em nossa vida.

Se as tarefas estiverem com alguns erros, deixe que a professora veja. Quando os pais corrigem tudo para os filhos, as professoras não têm como saber quanto seus alunos aprenderam ou não.

Como você trabalha fora o dia inteiro e chega cansada a casa, é muito provável que a hora da lição seja o momento em que seus filhos perceberam que você dá atenção a eles. Faça diferente: diga às crianças que façam a tarefa antes que você chegue a casa, para que, depois do jantar, dê tempo de vocês assistirem a um filme juntos no sofá ou irem à sorveteria perto de casa. Provavelmente elas irão preferir esses momentos ao seu lado a passar as noites fazendo a lição.

28) *O que acontece quando poupamos o nosso filho de lidar com as consequências do que ele fez de errado?*

Lidar com consequências é necessário e fundamental para que a criança perceba que o que ela faz de errado afeta o outro, mesmo se esse outro for a rua. Se ela joga um papel no chão, pela janela do carro, e você não faz nada a respeito, seu filho cresce sem consciência ecológica. Diga a ele: "Não faça mais isso! Veja só como a rua ficou feia e suja com o lixo que você jogou".

Quando vocês estiverem andando com calma em um parque e virem uma lata de refrigerante jogada na grama, você pode dizer: "Vá até lá e jogue aquela lata no lixo. Eu sei que não foi você quem a jogou, mas isso não importa. O parque é para todos, e alguém teve que jogar no lixo aquele papel que você jogou na rua outro dia".

Conheço um conjunto de frases bem interessante que determina o que cada um deve fazer:

Você!
Abriu... Feche.
Acendeu... Apague.
Ligou... Desligue.
Desarrumou... Arrume.

Sujou... Limpe.

Quebrou... Conserte.

Pediu emprestado... Devolva.

Prometeu... Cumpra.

É de graça... Não desperdice.

Está usando algo... Tenha cuidado.

Não sabe usar... Chame quem sabe.

Para pegar... Peça licença.

Não sabe como funciona... Não mexa.

Não sabe fazer melhor... Não critique.

Ofendeu... Peça desculpas.

Assim, você, com certeza, estará ensinando o seu filho a ser um cidadão mais consciente, responsável e afetuoso também.

29) *Quando vamos ao shopping, temos que entrar em uma loja de brinquedos da qual minha filha gosta e comprar algo novo para ela. Já conversamos com ela várias vezes, mas não adianta. Se falamos que não vamos comprar, ela apronta o maior escândalo. Como devemos proceder?*

Releia o capítulo chamado "A criança-mutante".

Se vocês realmente querem mudar esse comportamento, precisam ser firmes, decididos e impor um combinado de verdade. Não há outro jeito.

Experimentem o seguinte: digam a ela que, na próxima vez que forem passear no shopping, vocês não comprarão nada, e que, se ela fizer escândalo, ficará de castigo em casa, sem poder brincar com nenhuma amiguinha, por exemplo. E façam o teste em um dia menos movimentado no shopping. Como eu sei que é muito difícil lidar com muita gente nos olhando, levem-na em uma terça à tarde, por exemplo. Ou mesmo se for uma terça-feira à noite o shopping estará muito mais vazio do que em um sábado à tarde. Passem em frente à loja sem falar nada e vejam o que acontece.

Se ela se comportar bem, ótimo. Nada tem que ser dito. Jamais lhe dê um prêmio por isso, nem um doce. Comportar-se adequadamente é obrigação dela, e não algo que merece premiações. Podem comer o doce tranquilamente, mas sem falar: "Um doce pra você porque você se comportou muito bem". Caso ela apronte um escândalo para testar a palavra de vocês, deem meia volta imediatamente e vão embora para casa. Façam o castigo imposto ser cumprido. E assim sucessivamente, até que ela apresente bom comportamento.

30) *Minha filha de 5 anos faz umas pirraças como se ela tivesse 2 aninhos. Bate a cabeça na parede quando está brava, joga-se no chão... O que eu faço?*

Além de ter que protegê-la, afinal, ela poderá se machucar seriamente em um de seus ataques mutantes, coloque-a de castigo por tal comportamento. Tire a boneca ou bichinho de pelúcia de que ela mais gosta, por exemplo. Como ela se comporta como uma criança de 2 anos, provavelmente ela irá sentir falta do bichinho que perdeu devido ao castigo. É necessário impor um castigo, ou ficará muito fácil para ela: faz birra quando quer e nada se faz a respeito. Assim ela não aprende nada. Imagine a proporção que essa situação poderá tomar no futuro. Se com 4 anos ela faz isso, com 14 pode se transformar em uma daquelas adolescentes que não respeitam funcionários de shoppings, restaurantes e bares. Pense no tipo de filho adulto que você quer ter. Releia o capítulo "Projeto de gente".

31) *O meu filho reclama, com nojo, do lanche que coloco em sua lancheira para ele levar à escola. E não come nada. Mas ele acaba comendo o lanche dos amiguinhos. O que faço para controlar essa situação?*

Converse com a professora explicando toda a situação. Peça a ela que fique de olho no seu filho e que não deixe que ele pegue o lanche dos amiguinhos, mesmo se alguma criança oferecer a ele. Ela pode estipular um jogo, por exemplo: "Hoje, na hora do lanche, todo mundo vai comer somente o próprio lanche e depois nós vamos brincar de falar o que a mamãe colocou de gostoso na lancheira". Caso o seu filho mesmo assim não coma nada do lanche, ok. Quando chegar a casa, estará com mais fome ainda e ficará mais fácil comer o jantar com a família.

32) *Tenho dois filhos. Uma menina de 5 anos e um menino de 2. A menina vive maltratando o mais novo, pois morre de ciúmes dele. Quando ele quer um brinquedo, ela corre e esconde para que ele não o pegue. Nós vemos tudo, mas não interferimos, com receio de torná-la mais ciumenta. Qual é a sua orientação?*

Se ela está maltratando o irmãozinho e este não tem condições de se defender devido a sua idade, vocês precisam intervir, sim. Digam a ela: "Fulana, nós estamos vendo tudo o que você está fazendo. Não faça isso. Isso não é certo. Deixe que ele pegue o brinquedo que ele quer".

Caso ela não pare, vocês, que são maiores do que ela, peguem, então, algo que ela queira e escondam o objeto dizendo: "E agora? Gostou? Como é que você vai pegar se nós não deixarmos? É isso que você faz com o seu irmão. Não faça mais".

Assim vocês mostram a ela o outro lado da moeda. Quando a criança sente a experiência na própria pele, ela passa a enxergar a situação de outra forma. É como a criança que nunca mais encosta na tomada depois que leva um choque. Para entender mais, leia o capítulo "O pensamento infantil".

33) *Constantemente o meu filho chega a casa e diz que o vizinho começou a briga, mas eu já o flagrei às escondidas várias vezes e sei que meu filho não é tão santo assim. Devo falar a ele que já o flagrei?*

Sim. Diga-lhe claramente: "Nós dois sabemos quem começou a briga. Eu não sou boba, e você também não. Nós dois sabemos quem começou. E eu não quero mais saber de mentiras, fui clara?".

Se o seu filho persistir com as mentiras, acusando os colegas injustamente, diga a ele: "Parece que você esqueceu o que eu disse outro dia. Eu não quero mais saber de mentiras. Você precisa de um castigo para isso ou vai pensar melhor a partir de agora?".

Não hesite em aplicar um castigo caso ele persista, e um castigo muito coerente é proibir que ele vá brincar com os tais amigos. Pode até dizer a ele: "Já que eles trapaceiam e brigam à toa com você, então hoje você não irá brincar com eles. Por que você está achando isso ruim? Eu sei que você não é nem um pouco bobo. Mas eu já lhe disse que EU também não sou nem um pouco boba".

Uma vez uma menina de 5 anos mentiu na cara dura para mim. Eu apenas disse a ela: "Eu sou tão boba quanto você". Após alguns segundos de silêncio olhando fixamente para o meu rosto, ela disse: "Ah, lembrei... não foi bem isso o que aconteceu", e contou a história verdadeira.

34) *Nosso vizinho tem um filho de 13 anos que vive ameaçando bater nele e na esposa. Nosso filho de 5 anos escuta tudo, assim como nós, e está começando a falar como o moleque vizinho. Como podemos impedir que a situação piore?*

Quanto ao que ocorre na casa alheia, infelizmente não há nada a fazer, a não ser que o seu vizinho dê liberdade a você para uma conversa. Caso contrário, não. Antes de se intrometer, pense como você reagiria se um vizinho se intrometesse no que acontece dentro da sua casa.

Em relação ao seu filho, aproveitem para conversar sobre o assunto quando vocês estiverem ouvindo o escândalo do vizinho. Digam ao seu filho algo como: "Credo! O que você acha disso tudo? Que coisa mais horrorosa! Você já me viu falar assim com o seu avô? Faça um favor para mim, meu filho: se um dia você me vir falando assim com o vovô ou com a vovó, diga a eles que eu mereço um castigo bem caprichado, ok?!".

E claro: quando o seu filho fizer com vocês o que o filho do casal vizinho faz, você será firme e na certa lhe aplicará um castigo.

35) *Semana passada, meu marido deu uns tapas bem fortes no bumbum do nosso filho de 5 anos, porque ele o chamou de imbecil. Meu filho nem sabe o significado da palavra "imbecil"; não foi um exagero do meu marido? Ele não poderia ter relevado?*

Não, não foi, não. Seu marido agiu certíssimo.

As crianças muitas vezes não sabem o significado dos xingamentos e palavrões, mas sabem muito bem quando usá-los. Da mesma forma, quando um adulto chama outro de "fdp", ele não está pensando em ofender a mãe do sujeito, está apenas xingando para ofender o sujeito em si.

Todo mundo sabe muito bem em que situações usar um xingamento, um palavrão.

Se o seu marido aceitasse que seu filho o chamasse de "imbecil" e não tivesse uma postura enérgica quanto a isso, não demoraria muito para que ele o chamasse de "fdp". A agressividade da criança pequena, quando não é podada, simplesmente piora. Os maus hábitos só pioram.

Quando os pais não tomam nenhuma posição quanto a um peteleco bobo ou um empurrãozinho que os filhos dão neles, logo, logo, o filho se torna adolescente e mete a mão na cara dos pais. Releia o capítulo "Criando monstros" e tenha algo em mente como verdade absoluta:

A PIOR COISA QUE VOCÊ PODE FAZER EM RELAÇÃO AO MAU COMPORTAMENTO DO SEU FILHO É PERMITIR QUE ELE AGRIDA VOCÊ TANTO VERBAL QUANTO FISICAMENTE.

O FILHO QUE AGRIDE O PAI AGRIDE O MUNDO TAMBÉM!

O grande mestre Freud já dizia que as primeiras relações entre uma criança e seus pais são determinantes no modo como essa criança se relacionará socialmente com o mundo, na sua vida futura como adulto.

PORTANTO, NÃO TENHA MEDO DE PUNIR O SEU FILHO! O FILHO É SEU E QUEM VAI SORRIR OU CHORAR NO FUTURO SERÁ VOCÊ.

MAIS UMA VEZ... BOA SORTE!

REFERÊNCIAS BIBLIOGRÁFICAS

ARRUDA, M. A.; ALMEIDA, M.; BIGAL, M. E.; POLANCZYK, G. V.; MOURA-RIBEIRO, M. V.; GOLFETO, J. H. *Projeto Atenção Brasil:* Saúde Mental e desempenho escolar em crianças e adolescentes brasileiros. Análise dos resultados e recomendações para o educador com base em evidências científicas. Ribeirão Preto: Ed. Instituto Glia, 2010.

ATKINSON, Rita L.; ATKINSON, Richard C.; SMITH, Edward E.; BEM, Daryl J. *Introdução à psicologia.* 11. ed. Porto Alegre: Artmed, 1995.

BARROS, Célia Silva Guimarães. *Psicologia e construtivismo.* São Paulo: Ática, 2002.

BETTELHEIM, Bruno. *A psicanálise dos contos de fadas.* 14. ed. Rio de Janeiro: Paz e Terra, 1980.

BIDDULPH, Steve. *Criando meninos.* São Paulo: Fundamento, 2002.

_____. *O segredo das crianças felizes.* São Paulo: Fundamento, 2003.

FADIMAN, James. *Teorias da personalidade.* São Paulo: Harbra, 1986.

GRAY, John. *Os filhos vêm do céu.* Rio de Janeiro: Rocco, 2003.

GRUNSPUN, Haim. *Distúrbios neuróticos da criança.* 4. ed. São Paulo: Atheneu, 1998.

KNOBEL, Maurício. *Orientação familiar.* Campinas: Papirus, 1992.

LEGRAND, I. *Viva como as flores.* Belo Horizonte: Soler, 2006.

MILLER, Alice. *O drama da criança bem dotada:* como os pais podem formar (e deformar) a vida emocional dos filhos. 2. ed. São Paulo: Summus, 1997.

OLIVEIRA, Marta Kohl de. *Vygotsky* – aprendizado e desenvolvimento: um processo sócio-histórico. 4. ed. São Paulo: Scipione, 2004.

ORGANIZAÇÃO MUNDIAL DA SAÚDE (Org.). *Classificação de transtornos mentais e de comportamento da CID-10: descrições clínicas e diretrizes diagnósticas.* Trad. Dorgival Caetano. Porto Alegre: Artmed, 1993.

POLI, Cris. *Filhos autônomos, filhos felizes.* 2. ed. São Paulo: Gente, 2006.

PREUSCHOFF, Gisela. *Criando meninas.* São Paulo: Fundamento, 2003.

RAMSEY, Robert D. *Criança nota 10:* 365 dicas para incentivar seu filho na escola. São Paulo: Publifolha, 2003.

RAPPAPORT, Clara Regina. *Psicologia do desenvolvimento.* 14. ed. São Paulo: EPU, 1981. v. 1.

SHINYASHIKI, Roberto. *A carícia essencial:* uma psicologia do afeto. 148. ed. São Paulo: Gente, 1985.

SIEGEL, Judith P. *O que os filhos aprendem com o casamento dos pais.* São Paulo: M. Books, 2005.

SILVA, Ana Beatriz B. *Mentes perigosas.* Rio de Janeiro: Fontanar, 2008.

TIBA, Içami. *Disciplina:* limite na medida certa. 74. ed. São Paulo: Integrare, 2006.

_____. *Quem ama, educa!* 71. ed. São Paulo: Gente, 2002.

VYGOTSKY, L. S. *Pensamento e linguagem.* São Paulo: Martins Fontes, 1999.

SITES CONSULTADOS

http://comentarios.folha.com.br/comentarios?comment=60536&skin=folhaonline&done=http%3A%2F%2Fcomentarios.folha.com.br%3Fskin%3Dfolhaonline&sr=151

http://oglobo.globo.com/pais/mat/2010/07/26/pesquisa-datafolha-54-sao-contra-proibicao-de-palmada-beliscao-em-criancas-917238858.asp

http://pt.wikipedia.org/wiki/Autoridade

http://pt.wikipedia.org/wiki/Autoritarismo

http://pt.wikipedia.org/wiki/Feudalismo

http://pt.wikipedia.org/wiki/Frankenstein

http://pt.wikipedia.org/wiki/Hierarquia_militar_(Brasil)

http://pt.wikipedia.org/wiki/Morte_de_Adolf_Hitler

http://pt.wikipedia.org/wiki/Poder_familiar

http://pt.wikipedia.org/wiki/William_James

http://pt.wikipedia.org/wiki/Sigmund_Freud

http://pt.wikipedia.org/wiki/%C3%8Dndice_de_Desenvolvimento_Humano

http://www1.folha.uol.com.br/folha/educacao/ult305u682579.shtml

http://www.conteudojuridico.com.br/?colunas&colunista=12447&ver=693

http://www.alobebe.com.br/site/revista/reportagem.asp?texto=80

http://www.fia.rj.gov.br/legislacao/leidapalmada.pdf

http://www.girafamania.com.br/girafas/bebe.html

http://www.jornalpassatempo.blogger.com.br/organize-se.htm

http://www.jusbrasil.com.br/legislacao/anotada/2324165
art-1634-do-codigo-civil-lei-10406-02

http://www.openthesis.org/documents/Desenvolvimento-dos-filhotes-de-atobas-359941.
html

http://www.planalto.gov.br/ccivil_03/Leis/L8069.htm

http://www.portaldomarketing.com.br/Artigos/maslow.htm

http://www.pr.gov.br/mtm/informacoes/tabelainfracoes.htm

Conheça também estes lançamentos

HOJE É O DIA MAIS FELIZ DA SUA VIDA
Elisa Stecca

Diz o ditado que uma imagem vale por mil palavras. Mas não existe imagem que seja tão forte quanto as palavras precisas, as que encorajam, as que mostram caminhos, aquelas que fazem pensar e mudar. *Hoje é o dia mais feliz da sua vida*, escrito por uma das mais talentosas *designers* do Brasil, é um livro feito com palavras motivadoras e imagens de rara beleza, que também têm muito a dizer. Uma obra inspiradora, feita para quem quer um dia a dia de mais felicidade.

PERDÃO TOTAL – SUPERANDO O MAIOR DESAFIO DE DEUS
R. T. Kendall

Sucesso nos Estados Unidos, com mais de 50 mil exemplares já vendidos, a obra do teólogo R. T. Kendall mostra o poder libertador do ato de perdoar e seus reflexos na vida de quem aceita o maior desafio de Jesus Cristo. Entender o significado do perdão e saber aplicá-lo é uma tarefa difícil. Por isso, o autor exemplifica essa atitude, com o objetivo de servir como referência para o cotidiano.

AMOR & TESÃO
Adriana Costalunga

"...e viveram felizes para sempre." Será que isso é possível na vida real? Ou só acontece nos contos de fadas? Muitas mulheres vivem a desilusão de ver seu príncipe virar sapo, assim como os homens veem a princesa virar bruxa. No entanto, há uma luz no fim do túnel. Saiba o que leva o casal a entrar nessa roda-viva e, o mais importante, o que fazer para sair dela.

ALEGGRIA – LINDA, GOSTOSA, AMADA, PODEROSA E MUITO FELIZ COM O PESO QUE VOCÊ TEM
Nelma Penteado

Não é preciso ser magra para esbanjar sensualidade. Não é preciso usar manequim 38 para conquistar um homem. Não é preciso se render aos padrões estéticos de magreza para ter autoestima. As mulheres gordinhas têm ocupado lugares de destaque nas revistas, na TV e cinema. Prova disso são os editoriais de moda das revistas mais famosas do mundo nesse segmento e o sucesso da estrela da TV americana Oprah Winfrey. Nelma Penteado fez um livro que mostra como a mulher deve se aceitar e se comportar com o peso que tem.

u
editoraurbana